청소년에게 전하는
기후위기와 신냉전 이야기

청소년에게 전하는

기후위기와 신냉전 이야기

우리가 지켜야 할 지구
우리가 만들어가야 할 평화

정욱식 지음
김상민 그림

갈마바람
Galmabaram

일러두기

본문의 외래어는 국립국어원 외래어표기법에 따르되, 우리말로 번역된 외국 서적의
지은이는 해당 출판사의 표기를 따랐다.

네덜란드 소년과 냄비 속 개구리

제가 초등학교에 다닐 때 교과서에는 물이 새는 댐의 구멍을 막아 마을을 구하려고 했던 '네덜란드 소년' 이야기가 나옵니다. 한스 브링커라는 이 소년은 처음에는 댐에 난 구멍이 작아 손가락으로 그 틈을 막았지만, 구멍이 커져 팔뚝으로 막다 나중에는 온몸으로 막았다는 내용입니다.

저는 기후위기와 군사 활동의 관계를 보면서 이 동화를 떠올렸습니다. 기후위기의 심각성을 자각한 인류 사회는 다양한 방식으로 탄소 배출구를 막으려고 하지만, 막대한 탄소를 배출하고 있는 군사 활동에 대해서는 잘 모르거나 모른 척하고 있습니다. 그러는 사이에 구멍은 갈수록 커지고 있고요.

저는 평화 연구자이자 활동가입니다. 최근 저의 가장 큰 걱정거리는 한반도를 비롯한 지구촌의 군비경쟁이 위험수위에 다다르고 있다는 것입니다. 또 미국과 중국의 전략 경쟁이 치열해지고 대만 문제가 '동아시아의 화약고'로 부상하면서 우리의 운명이 타자화될 수 있다는 것 역시 크게 우려하고 있습니다. 설상가상으로 2022년 2월에는 러시아의 우크라이나 침공으로 전쟁이 터지고 말았습니다. 전쟁이 장기화되면서 막대한 탄소 배출이 일어나고 있고, 군비경쟁의 열기는 더욱 뜨거워지고 있으며, 기후위기에 대처하는 데 꼭 필요한 국가들 사이의 협력은 차갑게 식고 있습니다. 이를 바라보면서 인류 사회의 처지가 '냄비 속 개구리'가 되고 있다는 느낌을 지울 수가 없었어요. 그리고 이러한 우려는 시간이 지나면서 더욱 커지고 있고요.

지구도 뜨거워지고 군비경쟁도 뜨거워지는 현실을 보면서 이런 질문들을 떠올려봅니다. 지구의 안보는 갈수록 위태로워지고 있는데 지구에 있는 국가의 안보는 무사할 수 있을까? 전쟁은 물론이고 군사 활동 자체가 기후위기의 주된 원인이자 문제를 키우는 '거대한 구멍'인데, 우리가 이를 자각한다면 고삐 풀린 군비 증강 역시 달라질 수 있을까? 갈수록 지구는 평화롭게 살기 어려운 곳이 되어가는데 이 지구를 둘러싼 경쟁에 여념이 없는 미국, 중국, 러시아 등 강대국들에게 무슨 말을 해야 할까?

저는 이러한 문제의식과 질문을 품고 군사 활동과 기후위기의 상관관계를 추적하기 시작했습니다. 국내에서는 생소한 문제 제기이지만 국제사회 일각에선 이미 이 문제를 주목하고 있다는 것을 알게 되었습니다. 전 세계 군사 활동에서 배출되는 탄소량이 전체 배출량의 5~6퍼센트를 차지한다고 합니다. 이게 어느 정도 규모인지 알아볼까요? 전 세계 항공(1.9%), 해운(1.7%), 철도(0.4%), 파이프라인(0.3%)을 합한 것보다 많은 양입니다. 이것을 국가별 탄소 배출량과 비교해볼까요? 2021년 기준으로 세계에서 탄소를 가장 많이 배출하는 나라들은 중국(30.9%), 미국(13.49%), 인도(7.3%), 러시아(4.73%) 순서예요. 그러니까 전 세계 군사 활동에서 배출되는 탄소량은 국가별 탄소 배출량 4위인 러시아 한 나라가 배출하는 탄소량보다도 많은 것이죠.

그런데도 군사 분야의 탄소 배출을 규제할 수 있는 통제 장치는 전무한 실정입니다. 기후위기 대처에 필요한 재원을 마련하느라 열심히 노력하고 있지만, 전 세계 군사비는 그 노력이 무색할 정도로 하늘 높은 줄 모르고 치솟고 있고요. 그러면서 전쟁과 군사 활동이 기후위기를 악화시키고 악화된 기후위기가 분쟁의 원인이 되기도 하는 악순환이 계속되고 있습니다.

'이거 큰일이구나!' 걱정만 하고 있을 수는 없겠죠. 전쟁도, 그 전쟁에 사용되는 무기와 장비도 사람들이 만든 것입니다. 인간의 활동이 기후와 생태계의 큰 변동을 야기했다는 '인류세'라는 말에서도 알 수 있듯이 기후위기도 사람들이 자초한 것입니다. 절망의 근거도, 희망의 근거도 바로 여기에 있습니다. 인간이 어떻게 하느냐에 따라 인류와 지구의 미래가 달라질 수 있으니까요. 안토니우 구테흐스 유엔 사무총장이 기후위기와 관련해 "인류가 집단행동이냐 집단자살이냐 갈림길에 있다"고 경고한 것도 이러한 맥락에서 비롯된 것입니다.

군사 무기와 군사 활동을 바라보는 관점은 다양합니다. 무기와 군사훈련이 전쟁을 막는 데 도움이 된다는 관점도 있고 오히려 전쟁을 부추긴다는 반론도 있습니다. 또 적정 군사비를 둘러싼 논쟁도 있습니다. 자원은 한정되어 있는데 그 자원을 어디에 쓸 것이냐는 인류 사회의 오랜 논쟁거리입니다. 그런데 이제는 또 하나의 관점이 절실해졌습니다. 군사 활동이 기후위기에 미치는 영향이 바로 그것입니다.

흔히 기후위기라는 압도적인 힘에 대응하려면 비상한 정치적 결단이 필요하다고 합니다. "기회의 창"이 닫히기 전에 행동해야 한다는 목소리도 높아지고 있습니다. 하지만 상당수 국가들의 정치적 선택은 군비 증강에 쏠려 있고, 지구촌의 군사 활동은 막대한 탄소를 내뿜으면서 나날이 증가하고 있습니다. 기후위기가 국가안보의 중대한 위협으로 부상하고 있는데도 정작 군사 활동 증대로 그 위협을 더 키우고 있어요. 모두 안보라는 이름을 내세워서요. 이러한 현실에 눈감고 있어야 할까요?

제가 청소년 여러분이 이 주제를 쉽게 이해할 수 있도록 책을 써야겠다고 결심한 데에는 몇 가지 이유가 있습니다. 먼저 여러분이 앞으로 자주 듣게 될 단어가 '기후변화'와 '신냉전'이라는 점입니다. 갈수록 극한으로 치닫고 있는 기후변화는 기후위기, 기후재난, 기후재앙, 기후분쟁, 기후우울증, 기후적응, 기후정의 등 다양한 용어들을 만들어내고 있습니다. 또 신냉전도 강대국들의 전략 경쟁, 세력권 경쟁, 군비경쟁, 핵전쟁 위험 등 다양한 얼굴을 품고 있습니다. 그런데 우리가 살고 있는 한반도는 기후위기와 신냉전에 가장 취약한 지역 가운데 하나입니다. 그리고 이러한 복합 위기에 가장 큰 영향을 받는 세대가 어린이와 청소년이라면 뭐가 문제인지부터 알아야겠죠. 여러분은 어른보다 이 땅에서 살아갈 날이 더 많으니까요.

이를 잘 보여주듯 성인보다 청소년이 기후위기를 더 심각한 위기로 여기고 있다고 해요. 유엔개발계획(UNDP)이 영국의 옥스퍼드 대학과 함께 전 세계 120만 명을 대상으로 실시한 여론조사 결과를 보면, 응답자의 64퍼센트가 기후변화가 "세계적인 비상사태"라고 응답했어요. 이 조사에는 14~18세의 청소년 50만 명이 포함되었는데, 이들의 응답 비율은 69퍼센트에 달해 전체 응답 비율보다 5퍼센트가 높았다고 해요. 그만큼 청소년들이 성인보다 기후변화에 민감한 반응을 보이고 있는 것이죠.

동시에 게임이나 만화 등을 통해 무기를 접하고 좋아하는 어린이와 청소년도 많습니다. 초등학생인 제 아들도 각종 무기로 무장한 캐릭터가 등장하는 게임을 즐겨하는데, 그게 가장 재밌다니 말리기가 힘들더군요. 그래서 저도 작전을 바꿨습니다. 아들한테 게임을 배워 같이하면서 가상공간이 아닌 현실 세계에서는 군사 무기가 우리의 삶에 어떤 영향을 미치는지 대화를 시도하는 것으로요.

많은 사람들이 갖고 있는 '기후걱정'과 많은 사람들이 지지하는 '군사 활동'은 양립할 수 있을까요? 인류를 포함한 지구 생명체의 안보를 위협하는 기후위기와 국가안보를 위해 필요하다는 군사 활동의 균형은 어떻게 찾을 수 있을까요? 이 책을 통해 여러분과 나누고 싶은 이야기입니다.

사실 어른들도 기후위기와 군사 활동의 관계에 대해 잘 모릅니다. 저도 얼마 전까지는 그랬고요. 바라건대, 어른들도 이 주제에 관심을 가져주면 좋겠습니다. 어린이와 청소년들한테 더 혼나기 전에 말이죠.

1

인류가 멸망할 수도 있다고요?

핵전쟁이나 지구온난화와 같은 재앙으로 인류가 1,000년 이내에 멸

망할 것이라고 생각합니다.

영국의 세계적인 물리학자 스티븐 호킹 박사가 2012년 1월 8일

70회 생일을 맞아 한 말입니다. 1,000년? 저는 처음에 숫자를 잘

못 본 줄 알았습니다. 다시 확인해봐도 1,000년이 맞더라고요.

'역시 천체물리학자라 스케일이 다르구나' 하는 생각도 들었습

니다. 1,000년이라면 까마득한 훗날 같지만, 가까운 미래가 될

수도 있겠죠. 사람이 어떻게 하느냐에 따라서 말입니다.

　호킹이 이러한 경고를 내놨을 때, '설마' 하는 분위기가 강했어요. 당시 핵보유국인 인도와 파키스탄 간의 갈등도 있었고 북한 등 일부 국가가 핵무기 개발에 나서기도 했지만, 지구촌의 핵무기 숫자는 꾸준히 줄어들고 있었거든요. 미국, 러시아, 중국 등 핵 강대국들 역시 경쟁을 멈추지 않으면서도 핵전쟁과 핵확산을 방지하기 위해 협력했고요. 지구온난화가 과장된 걱정이라는 주장도 있었습니다. 대표적으로 미국의 도널드 트럼프는 대통령으로 재임 중이던 2017년 6월에 "지구온난화에 의한 기후변화는 사기"라며 파리기후변화협약에서 탈퇴하기도 했습니다.

　그러나 인간의 더디기만 한 행보를 질타하는 듯한 호킹의 종말론적 경고는 우리 앞에 현실로 성큼 다가오고 있어요. 호킹이 양대 위기로 규정한 핵무기와 기후위기 문제를 볼까요? 미국의 버락 오바마 대통령은 임기 첫해인 2009년에 '핵무기 없는 세계'를 주창해 노벨평화상을 받았습니다. 하지만 임기 막바지였던 2016년에는 무려 1,500조 원 규모의 핵무기 현대화 계획을 발표해 '노벨평화상을 반납하라'는 비판을 들었습니다. 미국뿐만이 아닙니다. 미국과 더불어 5대 핵보유국인 영국, 프랑스, 중국, 러시아 등도 핵무기 현대화에 박차를 가해왔어요. 비공식 핵보유국인 이스라엘, 인도, 파키스탄, 북한도 저마다 양적으로, 질적으로 핵무기를 증강하고 있고요.

설상가상으로 핵보유국을 비롯한 국가들 사이의 관계도 악화되면서 핵전쟁을 경고하는 목소리도 높아지고 있습니다. 이 글을 쓰고 있는 현재까지도 지속되고 있는 러시아-우크라이나 전쟁의 향방이 큰 걱정입니다. 당초 많은 전문가들은 이 전쟁이 수개월 내에 러시아의 승리로 끝날 것이라고 예측했어요. 하지만 우크라이나의 강력한 저항과 서방의 무기 지원이 맞물리면서 러시아가 고전을 면치 못하고 있어요. 그러자 미국과 더불어 세계 최강의 핵보유국인 러시아는 공공연히 핵전쟁 가능성을 들먹이고 있어요. 미국 등 서방을 향해 '우크라이나에 무기 지원을 계속하든지, 핵전쟁의 위험을 감수하든지 양자택일하라'는 메시지를 던지고 있죠.

기후변화가 '위기'를 거쳐 '재앙' 수준으로 치닫고 있다는 점을 부인하는 사람도 거의 없어졌습니다. 오히려 너나 할 것 없이 기후변화가 '종말론적 위협'이라고 목청을 높이고 있죠. 트럼프를 꺾고 미국의 대통령이 된 조 바이든은 2021년 여름 미국에서 극한 기후로 인명과 재산 피해가 눈덩이처럼 불어나자, "코드 레드"를 입에 올렸습니다. '코드 레드'는 심각한 위기에 대한 경고를 일컫는 말입니다. 바이든 행정부의 국방장관은 지구온난화를 "우리 세계의 심각한 파괴력"이라고 부르면서 미국 국가 안보에 "존재론적 위협"이라고 평가하기도 했어요.

보리스 존슨은 영국 총리로 재직할 때였던 2021년 11월에 제26차 유엔기후변화협약 당사국총회(COP26)를 개최했었는데요. 그는 개막식 연설에서 "지구 종말 시계는 자정 1분 전"이라고 목소리를 높였습니다. "인류는 기후변화 문제에 있어 오래전에 남은 시간을 다 썼다"며 "오늘날 우리가 기후변화를 진지하게 다루지 않으면 내일 우리 아이들이 그렇게 하기에는 너무 늦을 것"이라고 우려했어요.

여러분 역시 하루가 멀다 하고 지구촌 곳곳에서 폭염, 폭우, 홍수, 가뭄, 산불, 빙하 붕괴와 해수면 상승, 태풍 등 기후재난이 벌어지고 있다는 소식을 접했을 겁니다. 우리나라만 하더라도 2022년에 기상 관측 이래 최고 온도와 강수량을 갈아치웠고 초가을에는 역대급 태풍을 경험하기도 했어요. 『2050 거주불능 지구』를 쓴 데이비드 월러스 웰즈는 "오늘날 우리가 곳곳에서 목격하는 재난은 미래에 지구온난화가 초래할 재난에 비하면 최상의 시나리오나 다름없다"며, 인류가 특단의 대책을 세우지 않으면 "일상 자체가 종말을 맞이할 것"이라고 경고했습니다. 2023년 7월이 역사상 가장 뜨거운 달로 기록되고 이마저도 수년 내에 깨질 것이라는 예측이 나오면서, '지구온난화'가 아니라 '지구열대화'로 바꿔 불러야 한다는 주장이 힘을 얻고 있기도 합니다.

실제로 매년 세계 곳곳에서 폭염 등 극한 기후의 기록이 갈아치워질 정도로 기후변화는 나날이 심각해지고 있어요. 이로 인한 사망자도 전체 사망자의 10퍼센트에 육박하고 있을 정도로요. 매년 세계 도처에서 500만 명 안팎이 사망하는 셈인데요. 주된 원인은 폭염으로 인한 온열질환, 폭우와 홍수, 가뭄으로 인한 물 부족과 식수 오염, 기후위기가 초래한 식량난과 분쟁 등입니다. 또 코로나19에서도 확인할 수 있듯이 기후변화로 인한 생태환경 파괴는 전염병도 빈번하게 만듭니다. 더구나 기후변화는 인류의 생존만 위협하는 것이 아닙니다. 산업화 이전 대비 연평균 온도가 2도 상승하면, 육상 생태계의 최대 18퍼센트가 멸종 위험에 처할 수 있다고 합니다.

> 기후변화는 인류의 생존과 지구 건강에 위협적이다. 기후변화를 완화하고 적응하기 위한 행동에 나서지 않으면 미래를 지킬 수 있는 기회를 놓치게 될 것이다. 기회의 창은 아주 빠르게 닫히고 있다.

이것은 2022년 기후변화에 관한 정부 간 협의체(IPCC)가 발표한 보고서에 담긴 '경고 문구'입니다. 이 보고서는 전 세계 270여 명의 전문가들이 참여해 공동으로 집필했고 195개국이 승인한 것입니다. 누구도 부인하기 힘든 가장 권위 있는 보고서인 셈이죠.

2018년 3월 14일 스티븐 호킹은 사망했지만, 그가 생전에 남긴 경고의 울림은 더욱 크게 다가옵니다. 핵전쟁의 위험과 기후위기가 갈수록 커지고 있기 때문이죠. 그래서 저는 핵전쟁 위험으로 대표되는 신냉전과 기후위기를 같이 생각해보자고 호소하고 싶어요. 인류 생존을 위협하는 양대 문제는 무관한 것이 아니니까요.

2

'신냉전'이라는 말이 유행하는데, 냉전은 뭔가요?

신냉전New Cold War을 알려면 냉전부터 살펴봐야 합니다. 냉전은 20세기 미국을 중심으로 한 자본주의 진영과 소련을 위시한 사회주의 진영 사이의 경쟁과 대결을 일컫는 말입니다. 그래서 냉전을 '양극체제'라고도 표현합니다. 그런데 냉전이라는 말부터가 좀 이상하지 않나요? 냉전cold war, 즉 차가운 전쟁이 앞뒤가 안 맞는 말이잖아요. 화염을 내뿜는 수많은 무기가 사용되고 치열한 교전이 벌어져 많은 사람들이 울부짖는 전쟁이 차가울 수는 없으니까요.

그래서 그런지 냉전이라는 말은 정치가나 학자가 아니라 문학적 상상력이 풍부한 작가가 처음 만들었답니다. 바로 영국의 작가 조지 오웰입니다. 그는 2차 세계대전이 끝나고 두 달 정도 지난 1945년 10월에 이렇게 썼습니다.

> 우리는 몇 초 만에 수백만의 사람들을 몰살시킬 수 있는 무기를 보유한 두세 개의 괴물과 같은 슈퍼파워 국가들이 세계를 분단시키는 상황에 직면할 것이다. 대규모 전쟁이 발발할 가능성은 줄어들겠지만, 영원히 '평화가 없는 평화'의 상태, 즉 '냉전'을 그 대가로 지불해야 할 것이다.

여기서 "슈퍼파워 국가들"은 바로 미국과 소련을 가리킨 것이었고, "수백만의 사람들을 몰살시킬 수 있는 무기"는 핵무기를 뜻하는 것이었습니다. 오웰이 이러한 예언을 하게 된 계기는 미국이 일본의 항복을 받아내기 위해 히로시마와 나가사키에 핵폭탄을 투하한 데 있었어요. 오웰은 단 두 발의 폭탄으로 수십만 명이 목숨을 잃는 것을 보고, 또 미국의 핵폭탄이 경쟁자로 떠오른 소련을 겨냥한 무력시위라는 점을 간파하고 소련도 머지

않아 이 무시무시한 무기를 손에 넣을 것이라고 직감한 것이죠.

동시에 오웰은 핵무기가 품고 있는 어마어마한 살상력을 고려할 때 이 무기가 세계대전을 억제할 것으로 봤습니다. 아무리 미국과 소련이 서로를 미워해도 너 죽고 나 죽고 모두가 죽는 어리석은 짓은 하지 않을 것이라고 본 거죠. 그래서 냉전이라는 표현을 쓴 것이고, 이게 유행어가 된 겁니다.

냉전이라는 표현은 오웰이 제일 먼저 썼고 또 20세기 후반기를 대표하는 단어가 되었지만, 그 기원에 대해서는 다양한 의견이 존재합니다. 혹자는 러시아의 사회주의자들이 혁명으로 제정 러시아를 무너뜨리고 소비에트를 건설한 1917년에서 그 기원을 찾습니다. 사회주의는 자본주의의 극복 혹은 타도를 목표로 삼았고, 이러한 사회주의의 확산을 두려워한 자본주의 진영은 사회주의를 봉쇄하려고 했어요. 냉전의 기원을 여기서 찾는 이유입니다. 그런데 2차 세계대전 당시 자본주의의 맹주인 미국과 사회주의의 모국인 소련은 처음에는 적이 아니라 함께 나치즘과 파시즘에 맞선 동지였어요. '자본주의 대 사회주의'라는 틀만으로는 냉전을 규정하기 힘든 까닭입니다.

그래서 저는 크게 세 가지를 버무려 냉전을 이해하고 있습니다. 하나는 위에서 설명한 '자본주의 대 사회주의'라는 이념과 체제 경쟁이고, 또 하나는 뒤에서 자세히 다룰 '핵무기의 등장'이며, 마지막으로는 '세력권'이라는 개념입니다. 세력권은 미국과 소련을 중심으로 자본주의와 사회주의의 상호 침투를 억제·봉쇄하고 자신들의 이념과 이익을 보호하기 위해 동맹과 우방국들을 규합하면서 만들어진 지정학적 개념입니다.

한반도 상황을 보면 쉽게 이해할 수 있을 거예요. 2차 세계대전 종전 무렵 한반도가 분단되었는데, 이는 미국과 소련이 각기 남한과 북한을 자신의 세력권에 두기 위한 조치였어요. 유럽에서는 미국이 주도하는 북대서양조약기구(나토)와 소련이 주도한 바르샤바조약기구가 탄생했고요. 이 밖에도 미국과 소련은 냉전 시대에 아프리카와 중동, 그리고 중남미 등 세계 전역에서 세력권을 확대하기 위해 경쟁했습니다.

그렇다고 냉전 시대에 전쟁과 분쟁이 없었던 것은 아닙니다. 냉전 시기로 일컬어지는 1945~1989년까지 전 세계 도처에서 벌어진 전쟁과 분쟁에 의한 사망자 수가 4,000만 명에 달한다고 합니다. 1, 2차 세계대전의 사망자 수를 합친 것보다 많습니다. 여기에는 한국전쟁과 베트남전쟁도 포함돼요. 이러한 맥락에서 볼 때, 냉전이라는 말 자체가 강대국 중심의 개념이라고 할 수 있어요. 미국과 소련을 비롯한 강대국 사이의 대규모 전쟁은 없었지만(그래서 혹자는 냉전을 긴 평화 혹은 차가운 평화라고 부릅니다), 그 어느 때보다 많은 전쟁과 희생자가 있었던 시기였기 때문이죠.

냉전의 기원과 성격에 대해서는 다양한 의견이 존재하지만, 그것이 1989년에 종식되었다는 데에는 큰 이견이 없습니다. 바로 그해에 냉전의 상징이었던 독일의 베를린장벽이 무너졌고 미국과 소련의 지도자들이 만나 냉전 종식을 선언했으니까요. 또 대다수 사회주의국가들도 이 시기를 전후해 자본주의로 체제 전환을 이뤄냈고, 중국 역시 자본주의 요소를 대거 도입했습니다. 미국과 소련이 다양한 핵군축 조약에 합의하면서 핵무기

경쟁과 핵전쟁 위험도 수그러들었고요.

하지만 1991년 12월 소련이 해체되면서 냉전 종식은 '승패'의 관점으로 바뀝니다. 1992년 미국 대통령이었던 조지 H. W. 부시는 이렇게 말합니다. "신의 은총에 힘입어, 미국은 냉전에서 이겼다. 냉전은 끝난 것이 아니라 미국이 이긴 것이다!" 이 말을 듣고 이를 부득부득 간 사람이 있었습니다. 바로 훗날 러시아의 대통령이 된 블라디미르 푸틴입니다. 그는 냉전 종식 및 소련 해체기에 비밀 정보기관인 KGB의 고위 관료였어요. 2000년 대통령이 된 이후 "소련의 몰락은 20세기 최대 지정학적 재앙"이라며 미국 단극체제를 종식시키겠다는 의지를 분명히 해오고 있습니다.

어떤가요? 냉전이 뭔지 이해되었나요? 사실 냉전은 한번에 이해하기에는 쉽지 않은 개념입니다. 그도 그럴 것이 20세기 후반기의 세계 역사는 냉전이라는 단일한 개념으로 설명하기에는 너무나도 복잡하거든요. 미소를 중심으로 강대국 간의 차가운 평화는 유지되었다고 하지만, 그 외의 지역과 국가들은 열전을 경험해야 했으니까요. 또 냉전 이전에는 전쟁과 평화를 구분하는 게 비교적 명확했습니다. 이에 반해 냉전은 그 경계가 모호하고요. 사정이 이렇다보니 20세기 후반기를 같이 살았던 인류의 집단기억이 동일할 수 없겠죠. 냉전의 그늘이 짙게 드리워진 한반도에서 사는 주민 역시 마찬가지입니다. 냉전이라는 말 한마디에 담기에는 분단과 전쟁, 그리고 휴전 체제와 그 끝을 알 수 없는 군사적 대치가 남긴 상처와 과제가 너무나도 크기 때문입니다.

3

그럼 신냉전은 무엇이고
기후위기와 무슨 관계인가요?

자, 그럼 신냉전 이야기로 넘어가볼까요? 사실 오늘날의 세계 질서를 신냉전으로 규정하는 것도 아리송한 일입니다. 그도 그럴 것이 냉전은 자본주의와 사회주의의 대결이라는 두드러진 특징이 있었지만, 냉전 종식 이후 사회주의는 세력이 크게 꺾였고 자본주의가 세계의 지배적인 질서가 되었기에 더욱 그러합니다. 신자유주의의 세계화는 이를 대표하는 추세였습니다. 치열한 경쟁을 벌이고 있는 미국과 중국을 보더라도 경제적 상호 의존도는 여전히 높습니다.

이로 인해 신냉전이라는 표현 자체에 동의하지 않는 사람들도 있습니다. 특히 국내에서는 신냉전이라고 규정해버리면 "우리가 어느 한쪽에 서야 한다는 이야기가 된다"며, "우리의 운신 폭이 좁아질 것"이라고 우려하는 전문가들도 있습니다. 일리 있는 지적입니다.

하지만 저는 오늘날의 국제 질서를 신냉전이라고 부르는 게 맞다고 봅니다. 가장 큰 이유는 조지 오웰이 냉전이라는 표현을 사용하면서 담은 문제의식이 오늘날 되살아나고 있기 때문입니다. 냉전의 가장 두드러진 특징은 양대 강대국인 미국과 소련이 서로를 적대시하면서 핵무기를 비롯한 강력한 군사력과 동맹 결성을 통해 안보와 체제 수호를 도모했다는 것입니다. 최근에도 비슷한 현상이 나타나고 있습니다. 강대국들이 체제와 이념의 차이를 넘어 평화 공존을 도모하기보다는 서로를 헐뜯으면서 핵무기를 위시한 힘에 의한 평화를 추구하고 있습니다. 오웰이 말한 "평화가 없는 평화의 상태"가 부활한 셈입니다.

신냉전 시대의 가장 두드러진 특징은 양극의 주역이 미국과 소련에서 미국과 중국으로 바뀌었다는 것입니다. 그러면서 냉전 종식 이후 패권국 지위를 유지했던 미국이 상대적으로 쇠퇴하고 19세기 초반까지만 해도 세계 최강국이었던 중국이 다시 부상하고 있습니다. 특히 중국은 중화인민공화국 건국 100주년이 되는 2049년에 미국을 제치고 종합 국력 세계 1위에 올라서겠다는 '중국몽中國夢'을 공식화한 상태입니다. 그리고 미국은 '내 눈에 흙이 들어가기 전까지 그 꼴은 못 보겠다'며 중국의 부상을 억제하려고 합니다.

신냉전 논의가 가속화된 계기는 2022년 2월 24일 러시아의 우크라이나 침공입니다. 러시아의 침공은 우크라이나의 영토와 주권을 유린한다는 점에서 '불법적'이고, 군인과 민간인을 가리지 않고 공격하고 있기에 '반인도적'입니다.

왜 이 전쟁이 벌어졌는지 알아볼까요? 이 전쟁의 주요 원인을 살펴보면 탈냉전 이후 유럽의 지정학적 변동과 큰 관련이 있어요. 1990년을 전후해 독일 통일과 동유럽 국가들의 체제 전환이 이뤄질 때, 미국과 서유럽 국가들은 나토라고 불리는 북대서양조약기구를 동쪽으로 확대하지 않겠다고 소련에 약속했었습니다. 그런데 약속과 달리 동유럽 국가들이 하나둘씩 나토에 가입했고, 러시아와 국경을 접하고 있는 우크라이나마저 나토 가입을 타진하기 시작했어요.

그러자 푸틴은 나토의 추가적인 동진 저지, 우크라이나의 탈나치화와 무장 해제, 그리고 우크라이나 동부의 러시아계 주민 보호를 "특별 군사작전"의 이유로 제시하면서 침공을 강행했습니다. 그가 전쟁 대신에 이 표현을 쓴 이유는 자신의 무력 사용이 정당하다는 점을 강변하기 위한 것이었지만, 이는 손바닥으로 하늘을 가리는 격이에요. 푸틴은 이런저런 이유를 대고 있지만, 그의 가장 큰 목표는 미국 주도의 일극체제를 종식시키고 국제 질서를 다극화하여 러시아의 입지를 높이겠다는 데 있다고 할 수 있어요.

이 과정에서도 냉전의 특징을 발견할 수 있습니다. 냉전의 가장 큰 특징은 다량의 핵무기를 보유한 강대국들이 직접적인 전쟁은 피하면서 특정 지역에서 '대리전'을 전개했다는 것입니다. 우크라이나전쟁도 바로 이러한 특징을 보여주고 있어요. 러시아는 우크라이나를 침공하더라도 미국이 3차 세계대전을 각오하면서까지 직접 개입하지는 못할 것이라고 봤고, 미국은 우크라이나에 무기와 정보를 제공하더라도 러시아가 미국이나 나토를 공격하지 못할 것이라고 여기고 있는 것이죠.

이 전쟁을 계기로 대다수 전문가들은 탈냉전이 종식되고 유럽과 아시아-태평양에서 강대국들 사이의 경쟁이 격화되고 있다고 입을 모으고 있습니다. 일단 헤쳐 모이기가 유행입니다. 미국과 유럽, 한국, 일본, 호주, 뉴질랜드 등 미국의 동맹국들은 러시아와 중국을 공동의 위협으로 간주하면서 결속하고 있습니다. 이에 맞서 유라시아의 거대한 나라들인 중국과 러시아의 결속도 강해지고 있고, 북한도 이 나라들과의 관계 강화에 주안점을 두고 있습니다. 물론 양자택일을 거부하는 나라들도 있긴 합니다. 아프리카, 중남미, 중동, 아시아에 있는 여러 나라들은 균형외교를 취하고 있거든요.

오늘날 군비경쟁과 군사동맹의 강화가 냉전 시대에 버금가는 수준으로 진행되고 있습니다. 탈냉전의 기본 정신은 적대 관계 청산과 화해·협력을 통해 지구촌의 평화와 번영을 도모하는 데 있었습니다. 하지만 오늘날의 세계 질서는 너나 할 것 없이 '힘에 의한 평화'를 추구하는 데 맞춰져 있어요. 그 결과 최근 세계의 군사비 지출은 하늘 높은 줄 모르고 치솟아 냉전 시대의 규모를 훌쩍 뛰어넘었습니다. 2023년 세계 군사비는 2조 3,000억 달러 정도인데, 이는 냉전 시대였던 1980년대 후반에 비해 7,000억 달러 정도 증가한 것입니다.

이러한 군비경쟁을 주도하고 있는 나라들은 미국과 중국이지만, 과거 전범국들의 변신에도 주목할 필요가 있어요. 바로 독일과 일본입니다. 2차 세계대전 전범국들이었던 두 나라는 패전 이후 재무장을 금지당하거나 스스로 자제했었어요. 하지만 우크라이나전쟁을 거치면서 독일은 GDP 대비 1.5퍼센트 수준이었던 군사비를 2퍼센트까지 올리겠다는 입장으로 돌아섰어요. 일본 역시 중국을 최대 위협으로 간주하면서 군사비를 두 배 가까이 올리겠다고 합니다. 냉전 시대 못지않게 혹은 그 이상으로 신냉전 시대에 군비경쟁이 격화되고 있다는 진단은 이러한 맥락에서도 이해할 수 있습니다.

이러한 신냉전은 기후위기에 기름을 붓고 있다고 해도 과언이 아니에요. 신냉전의 가장 핵심적인 특징은 군비경쟁인데, 이 과정에서 막대한 탄소가 배출되거든요. 또 기후변화 대처에 사용되어야 할 소중한 자원의 낭비도 초래하고 있고요. 무엇보다도 기후위기는 국경을 초월한 지구적 문제입니다. 그래서 국가 간의 협력이 대단히 중요한데요. 안타깝게도 신냉전이 확연해지면서 기후 문제 대처를 위한 협력도 후퇴하고 있습니다.

아마도 조지 오웰이 살아 있었다면, 이런 현실을 '이중 사고'로 표현하면서 개탄했을 겁니다. 이중 사고는 오웰이 20세기 최고의 명저 가운데 하나로 뽑히는 『1984』에서 사용한 개념인데요. 상반된 신념에 사로잡혀 있으면서도 그게 모순이라는 걸 깨닫지 못하는 현상을 일컫습니다. 미국과 중국 등 강대국들은 군비경쟁에서 자신이 승리할 수 있다고 믿으면서도 기후변화 협력은 가능하다고 여깁니다. 군비경쟁 자체가 기후위기에 주된 원인 가운데 하나이고 또 협력을 어렵게 만드는데도 말이죠.

4

핵무기가 '게임 체인저'였다고요?

2차 세계대전 말엽부터 싹트기 시작한 세계 질서의 '게임 체인저'는 핵무기였습니다. 나치즘과 파시즘을 격퇴하기 위해 손을 잡았던 미국과 소련은 핵무기의 개발 성공을 계기로, 잡았던 손을 놓고는 서로 삿대질하는 사이로 돌변하고 말았죠. 1945년 7월 독일 포츠담에선 미국의 해리 트루먼 대통령, 소련의 이오시프 스탈린 공산당 서기장, 영국의 윈스턴 처칠 총리가 모여 회담을 가졌습니다. 이때는 나치 독일이 항복하고 일본이 일으킨 태평양전쟁이 막바지에 달한 시기였어요. 그런데 트루먼이 회담 중간에 자국의 핵실험 성공 소식을 접하고는 스탈린을 대하는 태도가 크게 달라졌어요. 하루빨리 일본에 선전포고를 하고 태평양전쟁에 참전해달라고 소련에 요청하던 상황이었는데, 핵무기를 손에 쥐자 새로운 무기의 힘으로 일본을 굴복시킬 수 있다고 여긴 것이죠. 그래야만 2차 세계대전 이후 세계 질서를 미국이 주도할 수 있다고 생각한 것입니다.

미국의 비밀 핵무기 개발 계획인 '맨해튼 프로젝트'를 이미 알고 있었던 스탈린은 이러한 미국의 의도를 간파하고 있었습니다. 스탈린은 포츠담 회담이 끝나갈 즈음, 당시 소련의 원자력 프로젝트를 이끌고 있던 이고르 구르차토프에게 전화를 걸어 전폭적으로 지원할 테니 "핵무기 개발에 속도를 내라"고 명령합니다. 수화기를 내려놓은 스탈린은 몰로토프 외교 장관에게 "소련은 그동안 속았소"라고 말했어요. 미국이 핵무기를 갖기 전에는 협력적으로 나왔다가 핵무기 개발에 성공하자 강경하게 나온다고 여긴 것이죠. 그는 이렇게 다짐했어요. "미국과 영국은 유럽과 국제 문제에 대해 자신들의 계획을 받아들이도록 강요하려 하지만 절대로 그렇게는 안 될 것이다."

이러한 맥락에서 볼 때, 8월 6일 히로시마 상공에 피어오른 거대한 버섯구름은 세계사의 중대 분수령이었습니다. 이 소식을 접한 스탈린과 참모들은 원자폭탄이 "일본이 아니라 소련을 겨냥한" 것이라고 뜻을 모읍니다. "균형이 무너졌다"고 느낀 스탈린은 참전 일정을 앞당겼죠. 당초 8월 15일로 예정되었던 참전일을 8월 9일로 앞당겨 일본이 점령하고 있었던 만주와 사할린 지역에 대한 작전을 명령한 것입니다. 이 소식을 접한 트루먼은 윌리엄 리히 제독에게 물었습니다. "저 친구들, 정말 서두른 거 아닙니까?" "예, 빌어먹게도 그렇습니다. 핵폭탄 때문입니다. 다 끝나기 전에 끼어들길 원한 겁니다." 리히의 답변입니다. 그리고 미국은 또다시 이런 선택을 내립니다. 나가사키에도 핵폭탄을 투하한 것이었습니다.

이처럼 핵무기의 등장은 전시 동맹 관계였던 미국과 소련을 전후 적대 관계로 돌려놓은 '게임 체인저' 가운데 하나였습니다. 이를 날카롭게 포착한 사람이 앞서 소개한 조지 오웰이었죠. 그는 미국과 소련이라는 슈퍼파워가 핵무기로 경쟁하는 냉전 시대가 도래할 것이라고 예언했습니다. 이후 인류의 역사는 오웰의 경고대로 진행되고 맙니다.

그런데 매우 역설적인 상황도 벌어졌어요. 핵무기가 다른 의미의 '게임 체인저'가 되면서 미소 데탕트 및 냉전 종식에 기여한 것입니다. 서로 으르렁대던 미국과 소련이 협력의 필요성을 절감하기 시작한 계기는 3차 세계대전의 문턱까지 갔던 1962년 쿠바 미사일 위기*였습니다. 이 위기의 주된 원인 역시 핵무기에 있었어요. 미국이 모스크바와 레닌그라드를 사정거리 안에 두는 주피터Jupiter 핵미사일을 터키에 배치하자 소련도 미국의 턱밑인 쿠바에 중거리 핵미사일을 배치해 맞불을 놓은 것이죠. 이 위기는 양측이 터키와 쿠바에 배치한 핵미사일을 철수하기로 결정하면서 수습되었습니다. 그리고 두 강대국은 나와 동맹국의 안보를 지켜줄 것으로 믿었던 핵무기가 모두를 파멸시킬 수 있다는 점을 깨닫고 핵무기 확산 방지와 핵전쟁 예방을 위한 협력에 나섭니다. 그 산물이 핵실험금지조약(NTBT)과 핵확산금지조약(NPT)입니다.

★   러시아에서는 이를 '카리브해 위기', 쿠바에서는 '10월 위기'라고 부릅니다.

1972년 리처드 닉슨 미 대통령의 중국·소련 방문으로 시작된 미소 간의 1차 데탕트도 핵전쟁의 공포가 커질 때 나왔어요. 1960년대 중후반 들어 미소는 핵클럽의 문을 닫고 핵전쟁 방지를 위해 협력하면서도 핵무기 경쟁뿐만 아니라 핵미사일을 막기 위한 방어용 무기 경쟁에도 불을 댕겼습니다. 그런데 이 과정에서 깨달은 것이 바로 공멸의 위험이었어요. 냉전 시대의 평화는 '공포의 균형'에 기반을 두었는데, 어느 한쪽이 상대방의 미사일을 막을 수 있는 방패를 갖게 되면 균형이 무너질 수 있으니까요. 그래서 양측은 핵무기 통제뿐만 아니라 방어용 무기인 미사일방어체제(MD) 통제에도 나섰습니다. 공격용 무기를 제한하는 전략무기제한협정(SALT)과 방어용 무기를 통제하는 탄도미사일방어(ABM) 조약은 그렇게 탄생했답니다.

하지만 핵전력의 우위에 서려는 미국과 소련의 탐욕은 그칠 줄 몰랐어요. 그 결과 1980년대 두 나라가 보유한 핵무기의 숫자가 7만 개에 달할 정도였어요. 설상가상으로 미국의 레이건 행정부는 소련을 "악의 제국"으로 부르면서 핵전쟁에서 승리를 거두기 위해 전략방위구상(SDI)을 내놓았습니다. 우주에 레이저 기지를 만들어 소련의 핵미사일을 요격하겠다는 것이었어요. 이처럼 군비경쟁이 치열해지자 '핵겨울nuclear winter'이라는 말이 지구촌을 배회했습니다. 그리고 이 공포를 물리치기 위해 지구촌 곳곳에서 반핵운동의 열기도 뜨거워졌어요.

바로 이때, 세계사의 물줄기를 바꾼 미하일 고르바초프가 등장합니다. 냉전이 절정에 달했던 1985년에 소련 공산당 서기장으로 취임한 고르바초프는 '상대방이 불안해지면 나도 불안해

지고, 상대방이 안전해져야 나도 안전할 수 있다'는 새로운 사고를 주창했어요. 그러자 미국의 로널드 레이건 대통령도 핵시대를 이겨내는 길은 핵전쟁에서 승리를 노리는 것이 아니라 핵무기 없는 세계를 만드는 데 있다며 생각을 바꿨습니다. 그리고 두 지도자는 여러 차례 정상회담을 열고는 핵무기 감축에 나섰습니다. 핵전쟁 가능성의 구조적인 원인인 냉전을 종식하자고 의기투합했습니다. 핵무기로 인한 공멸의 두려움이 역설적으로 냉전 종식에 기여한 거예요.

5

기후위기는 '게임 체인저'가 될 수 있을까요?

앞서 소개한 것처럼, 핵무기는 냉전 시대의 '게임 체인저'였어요. 절대 안보와 패권을 지켜줄 수 있다는 '믿음'은 냉전의 등장과 격화의 주된 원인이었죠. 그런데 그 핵무기가 나 자신을 포함한 모두를 파멸시킬 수 있다는 '자각'은 냉전 종식의 주된 동력으로 작용했습니다.

그렇다면 갈수록 불안한 전망으로 가득해지고 있는 인류의 미래를 구하기 위한 '게임 체인저'는 있을까요? 저마다 느낌과 대책의 차이는 있을 수 있지만 지구촌 앞에 성큼 다가오고 있는 실존적 위협은 분명 존재하므로, 그것이 게임 체인저가 될 수 있겠죠. 바로 기후위기입니다.

핵전쟁과 기후위기는 절멸의 위험을 잉태하고 있다는 점에서 유사하지만, 매우 중요한 차이점도 있어요. 핵전쟁의 공포는 통제할 수도, 억제할 수도 있습니다. 1945년 8월 히로시마와 나가사키에 핵폭탄이 떨어진 이후 실제로 핵무기가 사용된 사례는 아직 없다는 점에서도 이를 알 수 있어요. 또 한때 7만 개에 달했던 핵무기 숫자가 오늘날에는 1만 2,000개 수준으로 줄어들었습니다. 아직 안심할 수도 없고 그래서도 안 되겠지만, 핵전쟁의 위험이 커질수록 이를 막으려는 인류 사회의 노력도 배가되어왔다는 점은 분명합니다.

하지만 기후위기는 다릅니다. 지구온난화는 '티핑 포인트tipping point', 즉 임계점을 지나면 돌이킬 수 없다고 합니다. 섭씨 1.5도는 이를 상징하는 수치입니다. 이 수치는 기후변화에 관한 정부 간 협의체가 인류의 안전 및 생태 보전을 유지할 수 있는

'한계선'으로 제시한 것인데요. 지구 평균 기온 상승폭을 1800년대 산업화 이전 대비 1.5도 이하로 제한해야 한다는 것입니다. 지구온난화가 이 수치를 넘어서면 남극과 북극의 빙하 붕괴, "지구의 허파"로 불리는 아마존 열대우림 등 세계의 주요 산림 고사, 해수 온도 및 해수면 상승 등 이상 기후의 주된 원인들을 통제할 수 없기 때문입니다.

지구온난화의 주범은 바로 탄소 배출입니다. 온도 상승폭을 1.5도 이내로 제한하기 위해서는 2050년까지 온실가스 순 배출량을 2019년 배출량 대비 84퍼센트 줄여야 한다고 해요. 2030년까지는 43퍼센트를 줄여야 하고요. 그러나 2030년까지 오히려 탄소 배출량이 약 14퍼센트 늘어날 것이라는 전망이 우세한 실정입니다. 이에 따라 2030년대 초반에 1.5도라는 한계선이 무너질 수 있다는 경고도 나오고 있습니다.

혹자는 1.5도가 불가능해진 만큼, 2도 상승을 막는 것을 목표로 삼아야 한다는 주장도 내놓고 있는데요. 여기에는 1.5도를 넘어섰다고 해서 자포자기해서는 안 되고, 탄소 배출을 줄이려

는 노력과 함께 변화된 기후환경에 적응하려는 노력도 절박하다는 의미가 내포되어 있습니다.

이처럼 기후위기를 비롯한 지구 생태 환경의 변화가 심해지면서 지질학적 명칭을 바꿔야 한다는 주장도 힘을 얻고 있어요. 인류는 지질학적으로 '홀로세Holocene' 시대를 살고 있어요. 신생대 제4기의 마지막인 홀로세는 빙하기 이후 약 1만 1,700년 전부터 현재까지의 시대를 뜻하는데, 기온의 진폭을 섭씨 1도 내로 유지함으로써 인간을 비롯한 대다수 생명체에게 안정적인 생존 환경을 제공해왔습니다.

그러나 1800년대에 본격화된 산업화 이후 지구의 평균 기온은 크게 높아져왔고, 급기야 홀로세의 범위를 넘어서고 말았습니다. 2022년에 지구 온도가 산업화 이전 대비 1.2도 높아진 것이죠. 인류가 화석연료를 대량으로 사용해왔기 때문입니다. 그래서 국제사회 일각에선 홀로세를 '인류세Anthropocene'로 바꿔 불러야 한다고 주장합니다. "인간의 활동이 기후와 환경에 지배적인 영향을" 미쳐 이미 홀로세를 벗어났기 때문이라는 거죠.

그럼 인류세는 언제부터 시작된 것일까요? 이에 대해서도 다양한 의견이 존재하지만 인류세를 주장하는 학자들 사이에선 20세기 중반, 즉 1950년대라는 합의가 도출되었다고 해요. 왜냐고요? 이 시기에 인구가 급격히 늘어나 화석연료를 사용하는 대량생산과 대량소비, 그리고 농약 사용 비중이 크게 높아진 것이 한 축을 이룹니다. 또 다른 축은 바로 핵실험입니다. 1945년부터 2023년 현재까지 전 세계에서 실시된 핵실험은 모두 2,056회에 달하는데요. 이 가운데 절반 이상이 20세기 중반에 실시되었습니다. 지상이나 대기권에서 실시된 경우도 많아 지구 지질과 빙하에 방사능 잔재가 뿌려졌는데, 과학자들은 이를 '인류가 지구에 남긴 가장 강한 흔적'으로 꼽고 있어요. 캐나다에 있는 크로퍼드 호수는 인류세의 대표 지층으로 거론되고 있는데요. 이 호수의 퇴적층은 핵실험의 흔적인 플루토늄과 화석연료에서 나온 탄소, 그리고 대량생산과 대량소비의 상징인 플라스틱을 선명하게 기록하고 있기 때문입니다.

다만 인류세가 홀로세를 밀어내고 공식적인 용어가 된 것은 아닙니다. 과학자들 사이에선 여전히 갑론을박이 벌어지고 있어요. 전문가들은 2024년 부산에서 개최되는 세계지질과학총회에서 결론이 날 가능성이 높다고 말합니다. 그럼에도 불구하고 인류세라는 표현은 실천적으로 중요한 의미를 품고 있어요. 기후 문제를 포함한 지구 환경에 인간의 활동이 지대한 영향을 미쳤고, 종말론적 파국을 막기 위해서는 인간의 각성과 노력이 절실하다는 것을 말해주니까요.

그럼 기후위기는 게임 체인저가 될 수 있을까요? 인류가 대전환을 이뤄내지 못하면 기후위기는 끔찍한 게임 체인저가 되고 말 것입니다. 물질문명에 도취되어온 인류의 삶이 생존조차도 장담할 수 없는 방향으로 바뀌고 말겠죠. 그래서 위기의식을 느낀 인류 사회는 다양한 방식으로 기후위기에 대처하고 있습니다. 화석발전의 비중을 줄이고 태양광과 풍력 등 재생에너지를 이용해 전기를 생산하고, 내연차를 줄이고 전기차를 늘리는 노력이 대표적입니다.

하지만 기후위기라는 거대한 변화에 대처하기 위해서는 총체적인 전환이 절실히 요구됩니다. 우리가 당연시하는 군사 활동에 기후위기의 관점을 들이대는 것도 한 가지 방법이 될 수 있겠죠. 이제는 전쟁과 군비경쟁이 그 자체로도 위험할 뿐만 아니라 기후위기를 악화시키는 주범이라는 점을 깨달아야 할 때입니다. 이를 자각할 수 있어야만 신냉전과 기후위기가 짙게 드리워지고 있는 지구촌을 살릴 수 있습니다.

6
군사 활동은 얼마나 많은 탄소를 배출하나요?

그럼 군사 활동은 얼마나 많은 탄소를 배출하는지 알아볼까요? 군사 활동은 각종 무기와 장비의 연구·개발·생산, 이것들을 운반·운용·연습·훈련·작전하는 과정, 무기와 병력이 주둔하고 있는 군사기지의 건설과 운영, 전쟁이나 무력 분쟁, 국방비 책정 등을 포괄하는 개념입니다. 이러한 군사 활동에는 엄청난 에너지 소비와 탄소 배출이 수반됩니다. 전쟁과 분쟁 이후 복구 과정에서도 마찬가지이고요.

이러한 추정을 뒷받침하는 연구 결과도 있습니다. 그 내용에 따르면 세계 각국의 군사 활동이 전 세계 온실가스 배출의 5~6퍼센트 정도를 차지한다고 합니다. 이게 어느 정도냐고요? 전 세계 민간 분야의 항공(1.9%), 해운(1.7%), 철도(0.4%), 파이프라인(0.3%)을 합한 것보다 많습니다.

다른 각도에서 설명해볼게요. 미국 국방부는 펜타곤이라고 불립니다. 건물 외관이 오각형으로 생겨서 붙은 별칭이에요. 저도 2005년에 가본 적이 있는데, 건물을 한 바퀴 도는 데 한 시간이 걸릴 정도로 어마어마하게 크더군요. 또 과거에는 국방비가 1,000조 원에 달할 정도로 예산 규모도 커서 어떤 이들은 미국을 '천조국千兆國'이라고 불렀습니다. 그런데 2023년에는 이마저도 돌파했고, 2024년에는 1,200조 원에 육박하고 있습니다.

그럼 이 펜타곤이 1년에 배출하는 탄소량은 어느 정도 될까요? 2019년 영국의 더럼 대학교와 랭커스터 대학교 연구팀이 펜타곤이 2017년에 사용한 연료량을 분석해 산출한 연구 결과를 발표했어요. 분석 결과 펜타곤이 배출한 탄소량이 5,900만 톤에 달했답니다. 이게 어느 정도일까요? 유럽의 스웨덴이나 덴마크가 배출한 탄소량보다도 많다고 해요. 펜타곤을 하나의 국가로 간주할 경우 세계 47위에 달할 정도라고 합니다. 그래서 기후변화 연구자들은 펜타곤이야말로 "대부분의 나라들보다 더 많은 화석연료를 소비하고 더 많은 탄소 배출을 하고 있는, 역사상 가장 큰 기후 오염 주체 가운데 하나"라고 비판합니다.

2020년 펜타곤이 배출한 탄소는 5,200만 톤인데, 2017년에 비하면 700만 톤이 줄었어요. 미국 정부도 이 점을 강조합니다. 펜타곤이 탄소 배출을 줄이기 위해 많은 노력을 기울인다고요. 하지만 실상은 이렇습니다. 미국은 2001년에는 아프가니스탄을, 2003년에는 이라크를 침공했어요. 이 전쟁들이 장기화되면서 미국도 수렁에 빠졌어요. 그래서 미국 정부는 2010년대 중반부터 이 전쟁들에서 빠져나오려고 했고 군사 활동도 크게 줄였습니다. 700만 톤이 줄어든 이유도 여기에 있었던 것이죠.

그럼 군사 활동 과정에서 탄소가 많이 나오는 이유는 무엇일까요? 군용기, 함정, 전투차량 등 주요 무기와 장비가 대부분

다량의 화석연료로 기동되는데, 연비가 매우 떨어지기 때문입니다. 알기 쉽게 자동차와 비교해볼까요? 대개 자동차의 연비는 30mpg 정도입니다. mpg는 '갤런당 마일miles per gallon'의 줄임말로 연료 1갤런당 몇 마일을 가는지 표기합니다. 자동차는 1갤런당 30마일을 갈 수 있다는 거죠.★ 이에 반해 전투용 지프차(험비)는 자동차의 5분의 1 수준인 6mpg이고 스텔스 전투기로 잘 알려진 F-35 전투기는 자동차의 50분의 1인 0.6mpg입니다. 미국의 주요 전략폭격기들인 B-2와 B-52의 연비는 자동차의 100분의 1 수준이고요.

연비가 낮을수록 사용하는 연료도 많아집니다. 그리고 연료를 많이 사용할수록 탄소 배출도 늘어납니다. 대표적인 온실가스인 이산화탄소를 기준으로 보면, 전투용 지프차는 1회 작전 임무 수행 시 260킬로그램, F-35는 2만 7,800킬로그램, 전략폭격기는 25만 킬로그램의 탄소를 배출할 정도로요. 군용기의 탄

★　우리에게 익숙한 도량형으로 환산해보면 1갤런은 약 3.8리터이고 30마일은 약 48킬로미터입니다.

소 배출이 상당히 많다는 것이 눈에 띄는데, 무거운 물체를 공중에 띄워 빠른 속도로 운행하려다보니 나타나는 현상이에요.

우리나라의 동맹국인 미국은 간혹 전략폭격기를 한반도에 보냅니다. 북한의 핵과 미사일 능력이 강해지면서 그 빈도수도 높아지고 있어요. 그런데 미국의 전략폭격기가 1시간 동안 사용하는 연료량이 한 대의 자동차가 7년 동안 사용하는 연료량에 해당할 정도로 어마어마합니다. 한반도 상공으로 1회 출격하는 데 드는 연료비만도 수십억 원에 달한다는 점을 떠올려보면, 이러한 비교를 이해할 수 있을 겁니다. 또 유럽연합(EU) 회원국들이 2019년 군사비 지출을 통해 배출한 탄소량이 약 2,483만 톤에 달하는데, 이는 1,400만 대의 내연 차량이 연간 배출하는 탄소량과 맞먹습니다.

물론 이는 미국이나 유럽연합만의 문제는 아닙니다. 많은 국가들이 "힘만이 살길"이라며 대규모 군비 증강에 나서고 있기 때문이죠. 그 선두에는 지난 30년 동안 군사비를 매년 10퍼센트 안팎으로 높여온 중국이 있습니다. 특히 중국은 2019년 이래로 대만해협 인근에서 군용기를 이용한 초계 활동 비중을 크게 늘리고 있어 중국의 군사 활동에 따른 탄소 배출도 지속적으로 증가하고 있습니다. 설상가상으로 경제대국인 독일과 일본도 군사비를 GDP의 2퍼센트로 늘려 대규모 전력 증강에 나서겠다는 뜻을 분명히 하고 있습니다.

미사일은 어떨까요? 북한을 비롯해 많은 나라들은 각종 미사일을 개발하고 시험하고 있어요. 그런데 미사일도 많은 탄소를 배출합니다. 무거운 탄두를 높게 쏘아 올려 멀리 날리려면 많은 연료가 필요하기 때문입니다. 미사일은 아니지만 미사일과 비슷한 로켓을 사용하는 우주선의 예를 들어볼까요? 2021년 9월 세계 최고의 갑부인 일론 머스크가 소유한 스페이스X사의 우주선이 민간인 네 명을 싣고 사흘간 우주여행을 한 일이 있어요. 그런데 단 네 명이 탄 우주선에서 300톤 가까이 이산화탄소가 나왔다고 해요. 미사일의 로켓은 이보다 훨씬 작아서 이 정도까지는 아니겠지만, 미사일 역시 상당한 탄소를 배출할 것이라는 점은 어렵지 않게 알 수 있어요.

다른 무기에 비해 전투기를 비롯한 군용기와 각종 미사일이 기후변화에 미치는 영향은 더 심각합니다. 공중에서 내뿜는 탄소는 지상에서 배출되는 것보다 네 배가량 지구온난화에 더 큰 영향을 미칩니다. 공중에 있는 탄소가 지상에 있는 탄소보다 복사열을 더 많이 흡수해 태양열을 가두기 때문이에요. 그런데 공군력과 미사일이 현대전에서 차지하는 비중이 날로 높아지면서 이 무기들을 이용한 군사 활동 비중도 나날이 커지고 있답니다.

앞서 언급한 것처럼, 2015년 파리기후변화협약에선 지구의 온도 상승폭을 1.5도로 제한하자는 목표를 세웠습니다. 그런데 많은 국가가 군사 활동은 마치 지구가 아닌 다른 행성에서 이루어지는 일인 듯 탄소 배출을 늘리고 있어요. 이와 관련해 '지구적 책임성을 위한 과학자 모임'의 스튜어트 파킨슨 집행위원장은 "군사 분야는 파리기후변화협약의 목표를 추구하는 데 있어서 커다란 구멍이 되고 있기 때문에 군사 분야의 탄소 배출은 매우 중요한 문제"라고 지적합니다. 특히 "군비 지출이 가파르게 상승하고 있는 현실을 고려할 때, 다른 부문의 탄소 배출이 줄어들더라도 이 구멍이 더욱 커질 수 있다"고 경고하고 있어요.

7

전쟁과 기후위기는 어떤 관계가 있나요?

군사 장비와 무기가 대대적으로 사용되는 것이 바로 전쟁입니다. 그럼 전쟁은 기후변화에 어떤 영향을 미칠까요? 2022년 발발한 우크라이나전쟁을 중심으로 살펴보겠습니다. 그 전에 우크라이나전쟁 이전의 사례를 잠시 소개할게요. 2001~2017년에 미국이 아프가니스탄전쟁에서 배출한 온실가스는 12억 톤에 달합니다. 이는 2억 5,700만 대의 자동차가 1년 동안 배출한 온실가스와 비슷한 양입니다. 또 2003~2007년까지 4년간 이라크전쟁 시기에 배출된 탄소량은 1억 4,000만 톤입니다.

우크라이나전쟁이 얼마나 많은 탄소를 배출하고 있는지 정확히 파악하는 것은 불가능합니다. 전쟁이 끝난 후 장기간에 걸쳐 치밀하고 광범위한 연구와 조사가 이뤄져야 산출할 수 있을 거예요. 다만 우크라이나 정부는 2022년 11월 이집트 샤름엘셰이크에서 열린 제27차 유엔기후변화협약 당사국총회(COP27)에서 전쟁이 시작된 후 8개월 동안 배출된 온실가스가 3,300만 톤이라고 발표했는데요. 이는 영국의 자동차 1,600만 대가 2년 동안 배출한 양과 맞먹습니다.

이렇게 많은 탄소가 배출되는 1차적인 이유는 엄청나게 많은 무기와 장비가 동원되고 있기 때문입니다. 러시아와 우크라이나는 전투기, 미사일, 박격포, 전차와 장갑차 등을 동원해 서로를 공격하고 있는데요. 이 무기들이 내뿜는 화염이 바로 탄소 덩어리라고 할 수 있습니다. 또 러시아와 우크라이나는 상대방의 전쟁 수행 능력을 저하시키기 위해 유류 시설을 공격하고 있는데, 전시에 자주 발생하는 연료 탱크 폭발이나 가스 파이프라인 파손에 따른 탄소 배출량도 어마어마합니다. 일례로 1991년 걸프전 당시 화재에 휩싸인 쿠웨이트의 유전에서 배출된 탄소량이 당시 전 세계 배출량의 2~3퍼센트를 차지했다고 해요.

이 외에 우크라이나전쟁이 기후변화에 미치는 영향에서 빼놓을 수 없는 것이 바로 화석연료 사용의 재유행입니다. 전쟁 이전까지 유럽의 많은 나라들은 화석연료 사용을 줄이고 신재생에너지 쪽으로 방향을 틀고 있었어요. 그런데 전쟁으로 인해 이러한 기류가 바뀌어버렸습니다. 러시아는 세계 2위의 원유 및 천연가스(LNG) 생산국이고, 유럽을 비롯한 많은 나라들은 러시아의 에너지에 의존했었어요. 그런데 러시아가 우크라이나를 침공하자 여러 나라들이 러시아에 제재를 부과하고 원유 및 천연가스 수입을 줄이거나 중단했어요. 그러자 러시아도 에너지를 무기화하면서 이 나라들을 상대로 에너지 수출을 크게 줄이거나 중단했고요. 이로 인해 지구촌의 에너지 공급망에 커다란 변화가 일어난 거예요.

많은 나라들은 이러한 상황에 어떻게 대처하고 있을까요? 신재생에너지에 대한 투자를 높이면 우크라이나전쟁이 기후변화에 미치는 부정적인 영향을 그나마 줄일 수 있을 겁니다. 그런데 많은 나라들은 이 방식이 비용과 시간이 많이 든다고 여겨요. 그래서 오히려 대표적 화석연료인 석탄 의존을 높이고 있어요. 석탄은 다른 화석연료에 비해 이산화탄소 배출량이 압도적으로 많습니다. 단위당 에너지 생산시 석탄은 원유보다 30~40퍼센트가량, 천연가스보다는 두 배 정도 많은 탄소를 배출하죠. 이러한 이유 때문에 2021년 11월 열린 제26차 유엔기후변화협약 당사국총회에서 40여 개 국가들은 석탄 발전을 단계적으로 줄여나가기로 했습니다. 선진국은 2030년대까지, 개발도상국은 2040년대까지 석탄 사용을 최종 중단하기로 한 것이죠. 하지만 우크라이나 사태를 거치면서 석탄 사용이 다시 늘어나고 있습니다. 이를 보다 못한 안토니우 구테흐스 유엔 사무총장은 화석연료 회귀 움직임에 대해 "미친 짓"이라며 "이런 단기적 접근은 기후변화에 더 큰 위험을 몰고 온다"고 경고했습니다. "화석연료 중독이야말로 상호확증파괴mutually assured destruction(MAD)에 해당된다"면서요.

핵무기와 기후위기는 'MAD'라는 표현에서도 만납니다. 구테흐스가 언급한 '상호확증파괴'는 냉전 시대, 그러니까 미국과

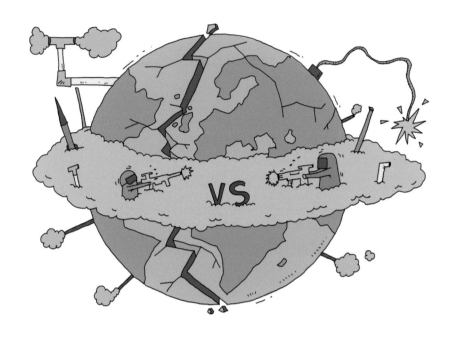

소련이 핵 군비경쟁을 벌이고 있을 때 유행한 표현이었거든요.
수만 개의 핵무기로 무장한 미국과 소련이 '나를 건드리면 너도
죽는다'며 모두가 죽을 수도 있는 상황에 생존을 의존했던 것이
죠. 그래서 MAD는 핵전쟁이 벌어지면 너나 할 것 없이 모두 파
멸될 수 있다는 뜻을 품고 있어요. 어때요? 미친 행동 같지 않
나요? 공교롭게도 영어로 mad는 '미친'이라는 뜻이기도 합니다.
우연의 일치치고는 흥미롭지 않나요?

그런데 핵시대의 평화는 바로 MAD에 의존하는 것이라고 해도 과언이 아니에요. MAD는 핵전쟁에서 누구도 살아남을 수 없다는 '공포의 균형'을 통해 핵전쟁을 억제한다는 의미도 품고 있거든요. 쉽게 말해 그 누구도 '너 죽고 나 죽고 모두가 죽는 핵전쟁'을 하지는 않을 것이라는 인간 이성의 최저치에 대한 호소인 것입니다. 유엔 사무총장이 화석연료 중독을 가리켜 MAD라고 표현한 것은 기후위기가 핵전쟁 못지않은 위험을 품고 있다는 점을 강조하면서 인간의 각성을 촉구하기 위해서예요.

우크라이나전쟁이 장기화되면서 또 다른 화석연료인 천연가스 비중이 높아지고 있는 것도 걱정거리입니다. 독일 등 유럽연합 국가들이 천연가스 생산·수입·수송 시설을 신규로 짓기로 한 것이 대표적인 사례입니다. 2022년 5월 유럽연합은 러시아산 에너지 의존 및 화석연료 의존을 낮추기 위해 약 16조 원을 들여 가스관과 천연가스 수입 시설에 투자하기로 결정했습니다. 이와 관련해 유럽연합은 에너지 공급을 안정화하기 위한 "단기적인 조치"라고 밝혔지만, 이러한 단기적인 조치들이 유행할수록 지구온난화를 돌이킬 수 없는 수준으로 악화시킬 것이라는 점은 자명합니다.

우크라이나전쟁이 끝나더라도 그 후유증은 다방면으로 나타날 겁니다. 전후 복구 과정에서도 막대한 탄소가 배출될 테니까요. 양측의 치열한 교전으로 우크라이나의 수많은 건물과 도로, 공항, 항만, 에너지 생산 시설 등이 폐허가 되었습니다. 여기서 나온 잔해와 쓰레기를 수습하고 처리하기 위해서는 각종 중장비와 트럭이 투입되어야 합니다. 일례로 2011년 내전으로 시작해 아직도 끝나지 않은 시리아전쟁으로 폐허가 된 알레포와 홈스의 잔해를 치우려면 100만 회 이상의 트럭 운행이 필요할 거라고 합니다. 그런데 우크라이나의 파괴 수준은 이 도시들과 비교할 수 없을 정도로 광범위합니다.

잔해와 쓰레기를 처리한 다음에는 파괴된 건물과 인프라를 복구해야겠죠. 주택을 예로 들어볼까요? 시리아전쟁에서는 전체 주택의 10퍼센트가 완전히 파괴되고 25퍼센트가 부분 파괴되었다고 해요. 파괴된 주택을 다시 짓는 과정에서 배출되는 탄소량은 2,200만 톤으로 추정되고요. 이렇게 많은 탄소가 배출

되는 주된 원인은 막대한 시멘트가 투입되기 때문입니다. 시멘트는 탄산칼슘을 가열해 생산하는데, 탄산칼슘은 이산화탄소를 다량으로 배출합니다. 2019년 전 세계 시멘트 생산 과정에서 배출된 탄소량은 전체 배출량에서 8퍼센트를 차지할 정도로 큰 비중을 차지합니다.

이처럼 우크라이나전쟁은 다방면에 걸쳐 기후변화에 치명적인 영향을 주고 있습니다. 이 전쟁의 영향으로 전 세계적인 군비경쟁은 더욱 격화되고 기후변화 대처에 필요한 국제 협력은 위축되고 있기에 더욱 그러하지요.

　그런데 여러분은 이 책을 읽으면서 이런 궁금증을 느끼지는 않았나요? 군사 활동이 막대한 탄소를 배출하는 등 기후위기 악화에 기름을 붓고 있는데, 이를 규제하는 움직임은 왜 거의 찾아볼 수 없을까? 저는 앞서 군사 활동이 지구라는 행성이 아닌 다른 곳에서 이루어지는 것 같다고 말씀드렸는데요. 그도 그럴 것이 군사 분야의 경우에는 파리기후협정에 따라 배출량을 보고할 의무가 없는 게 현실이기 때문입니다.

8

군사 분야는 왜 예외가 되었죠?

2021년 11월 영국 글래스고에서 열린 제26차 유엔기후변화협약 당사국총회에서 흥미로운 장면이 나왔습니다. 이 회의를 앞두고 국제 시민사회는 군사 분야가 기후위기 대처의 '거대한 구멍'이라며 이에 대한 대책도 마련해야 한다고 목소리를 높였어요. 하지만 정부 간 회의에선 이를 외면하고 말았답니다. 이를 상징적으로 보여준 장면을 한번 볼까요?

미국의 낸시 펠로시 하원의장이 주재하는 회의에서 한 기자가 세계 최대의 탄소 배출 기관인 펜타곤의 군사비가 계속 늘어나고 있는 현실을 지적했습니다. 그러자 당황한 펠로시는 "미국의 국방비는 적정 규모로 책정되어 있다"고 반박했습니다. 펠로시가 적정 규모라고 주장한 미국의 2022회계연도 국방예산은 7,450억 달러로, 세계 총국방비의 40퍼센트에 육박했어요. 그런데 미국 의회는 이마저도 적다며 250억 달러를 증액했습니다. 기후변화가 '위기'를 지나 '재앙'으로 치닫고 있는데도 군사 분야는 여전히 예외가 되고 있는 현실을 거듭 확인할 수 있는 대목이에요.

왜 이렇게 된 걸까요? 첫 단추부터 잘못 끼워졌기 때문이에요. 1997년 12월 일본 교토에서는 제3차 유엔기후변화협약 당사국총회가 열렸어요. 지구온난화 규제 및 방지를 위한 협약 체결이 목표였습니다. 그런데 이 회의를 앞두고 딕 체니를 비롯한 미국의 전직 국방장관들과 여러 정치인들, 기업인들이 빌 클린턴 대통령에게 서한을 보냈어요. "교토 의정서가 전 세계에서 이뤄지고 있는 미국의 군사작전을 방해할 것"이라며, 미국이 이 의정서 가입을 거부하거나 군사 분야는 예외로 두어야 한다고 요구한 것이죠. 주목할 점은 클린턴에게 서한을 보낸 사람들의 상당수가 군수산업체나 석유 회사의 임원이었다는 것입니다. 자신들에게 급여를 주는 회사의 이익을 위해 로비에 나선 것이죠.

미국 국방부와 국무부도 이러한 입장에 동조합니다. 펜타곤은 교토 회의에 앞서 이 협약이 군사훈련, 작전, 연료 사용 등에 차질을 빚어 "군사적 준비 태세"에 악영향을 줄 수 있다고 주장했습니다. 매들린 올브라이트 당시 국무장관도 펜타곤의 입장을 지지하면서 동맹국들의 지지를 확보하는 게 중요하다고 강조했고요. 반대 의견이 없었던 것은 아닙니다. 교토 회의 대표단의 일부는 미국이 군사 예외주의를 고집할 경우 협약 체결이 난관에 봉착할 수 있다고 우려했습니다. 하지만 이들은 소수파였고, 결국 미국의 협상팀은 협상 막바지에 군사 분야 제외를 관철시켰습니다.

이를 두고 미국과 국제사회의 환경 단체들은 미국 정부가 기후위기 대처에 "커다란 구멍"을 냈다고 비판했습니다. 반면 클린턴 행정부는 "중대한 승리"라고 자평했고, 존 케리 당시 상원의원은 미국 협상팀이 "엄청난 일"을 해냈다고 격찬했습니다. (참고로 케리는 바이든 행정부에서 기후변화 특사를 맡고 있어요.)

이러한 사례는 드와이트 아이젠하워 미국 대통령의 퇴임사를 떠올리게 합니다. 그는 1961년 1월 퇴임사에서 "거대한 군사 집단과 대규모 무기 산업이 결탁하여 행사하는 영향력은 미국의 새로운 경험"이라며, "우리는 깨어 있는 시민들과 함께 정부 각 위원회에서 군산복합체가 부당한 영향력을 행사하는 것을 막아야 한다"고 역설했어요. 그런데 이러한 호소에도 불구하고 36년 후에 "군산복합체의 부당한 영향력"이 기후변화 협상장에도 깊숙이 드리워지고 만 겁니다.

21세기 들어 지구온난화와 이에 따른 기후변화가 빠르게 진행되면서 보다 강력하고 실효적인 대처가 필요하다는 목소리도 높아졌습니다. 특히 2009년에 취임한 버락 오바마 미국 대통령이 이에 대한 강력한 의지를 피력하면서 기후위기 대처에 탄력을 받는 듯했습니다. 그는 기후변화가 난민, 자연재해, 부족해지는 식량과 물을 둘러싼 갈등으로 이어지고 있다며, 이는 "심각한 국가안보의 위기"라고 규정했어요. 클린턴 행정부가 교토의정서에서 '국가안보 예외'를 관철시켰다면, 오바마는 기후변화 자체를 '국가안보의 위기'로 봤던 셈입니다. 그는 2015년 파리기후변화협약 협상이 다가오면서 기후위기 대처에 모든 노력을 기울이겠다고 다짐했습니다.

이 회의가 다가오면서 환경과 평화 단체들을 중심으로 기후위기 대처에 군사 분야도 포함되어야 한다는 요구가 높아졌습니다. 특히 미국의 침공으로 시작된 아프가니스탄과 이라크 전쟁이 장기화되고 전 세계적인 군비경쟁도 고개를 들고 있던 시점이기에 이러한 목소리는 더욱 커졌습니다. 이러한 요구에 힘입어 파리 회의에서는 군사 부문도 정부 간 회의 의제로 다뤄졌습니다. 하지만 결과는 실망스러웠습니다. 군사 부문의 탄소배출 보고는 의무 사항이 아니라 "자발적인 보고" 수준으로 절충되고 만 것이죠. 한마디로 협약 당사국들이 군사 분야의 탄소배출을 보고해도 되고 안 해도 된다는 것이었습니다.

자발적으로 보고하더라도 누락되거나 불분명하고 불완전한 경우도 다반사입니다. 군사 분야의 탄소 배출을 선택적으로 보고하거나 다른 범주와 합쳐 보고함으로써 군사 분야의 탄소 배출 현황 파악을 불가능하게 만들고 있는 것이죠. 자발적 보고 국가들은 대부분 보고 대상을 육·해·공의 운송 수단과 기지 활동으로 제한하고 있고, 이로 인해 무기·장비 획득 과정 및 공급망에서 배출되는 탄소량은 보고 대상에서 누락되고 있어요.

미국만 놓고 보더라도 문제가 심각하다는 점을 알 수 있습니다. 미국은 해외에 750여 개의 군사 시설을 보유하고 있는데, 이 시설들에서 내뿜는 탄소량은 자발적 보고 대상에서 제외되어 있어요. 미 해군이 국제 수역에서 벌이는 작전에서 배출하는 탄소량도 마찬가지이고요. 심지어 무기와 장비를 만드는 미국의 방위산업체 및 이와 연관된 공급망에서 배출하는 탄소량도 사각지대로 남아 있어요. 이와 관련해 미국의 군수산업체들이 배출하는 탄소량이 펜타곤의 배출량보다 훨씬 많다는 분석도 있어요. 일례로 2001~2017년에 미국의 군수산업은 약 26억 톤의 온실가스를 배출했는데, 매년 평균 1억 5,300만 톤에 달합

니다. 펜타곤이 2017년에 배출한 5,900만 톤의 세 배에 육박하는 양이죠.

미국은 여전히 군사 활동을 기후위기 대처의 예외로 남겨두고 있습니다. 조 바이든 대통령은 2021년 1월 취임하자마자 트럼프 행정부가 2018년에 탈퇴했던 기후변화협약에 재가입했을 정도로 기후위기 대처를 핵심적인 국정 목표 가운데 하나로 제시하고 있어요. 그 일환으로 바이든 대통령은 2021년 12월 이런 대통령 행정명령을 내렸어요. 모든 정부 기관들은 2030년까지 100퍼센트 클린 전기를 사용하고 2050년까지는 탄소 배출 제로를 달성하라고요. 하지만 군사작전은 또다시 예외로 두었어요. 오바마 행정부도 군사작전을 예외로 두어 비판받았는데, 바이든 행정부도 이 문제를 시정하지 않은 것이죠.

이처럼 군산복합체의 부당한 영향력은 기후위기 문제에도 깊숙이 뻗쳐 있어요. 이 검은 손을 물리치지 않으면 기후위기 대처도 '밑 빠진 독에 물 붓기'가 되고 말 겁니다. 그런데 군수산업체는 기후위기의 사각지대이면서 수혜자가 되고 있다고 해도 과언이 아니에요. 이윤의 또 하나의 원천인 '기후분쟁'이 부상하고 있기 때문입니다.

9

기후분쟁은 왜 일어나나요?

기후변화와 분쟁 사이의 관계를 추적해온 여러 연구자들에 따르면, 기온이 섭씨 1도 높아지면 폭행과 살인 등 개인들 간의 폭력은 2.4퍼센트가 늘어나고 폭동과 내전과 같은 집단들 간의 분쟁은 11.3퍼센트가 높아진다고 해요. 특히 이러한 경향은 아프리카와 적도 부근의 열대 지역, 그리고 남아시아와 중동 지역에서 두드러지게 나타나고 있어요. 기후변화의 책임이 가장 적은 나라들이 기후변화의 피해를 가장 크게 입고 있는 셈입니다.

물론 기후위기 자체가 무력 분쟁이나 전쟁을 직접적으로 일으킨다고 단정할 수는 없습니다. 분쟁이나 전쟁은 다양한 요인들이 악순환을 형성해 일어나는 경우가 많으니까요. 문제는 기후위기가 분쟁이나 전쟁을 야기할 수 있는 조건과 환경을 악화시킨다는 데에 있어요. 기후위기로 인해 식량·물·거주지 등 인간 생존에 필수적인 자원이 줄어들면, 줄어든 자원을 둘러싼 갈등도 커지겠죠.

기후변화가 분쟁이나 전쟁으로 이어지는 주된 원인은 식량 문제에 있다고 할 수 있어요. 시리아전쟁이 대표적인 사례입니다. 이 전쟁은 시리아 정권의 독재 등 다양한 원인으로 시작됐지만, 기후변화로 인한 식량난도 빼놓을 수 없어요. 2010년 여름 폭염과 가뭄이 강타하면서 밀 생산량이 크게 줄자 러시아는 곡물 수출을 제한했습니다. 이는 세계적인 식량 가격 폭등으로 이어졌고, 러시아에서 밀을 주로 수입하던 시리아가 가장 큰 피해를 입었습니다.

식량 가격이 폭등하자 먹을 것을 구하기 힘들어진 시리아 사람들이 폭동을 일으켰고 이것이 반독재 투쟁과 맞물리면서 내전으로 번졌습니다. 여기에 미국, 러시아, 이란, 사우디아라비아 등이 개입하면서 국제전으로 비화되었고요. 이 전쟁으로 인해 약 600만 명의 난민이 발생했는데, 피난길에 오른 사람들이 유럽으로 향하자 유럽 여러 나라에서 난민을 반대하는 극우주의자들의 반발이 커졌습니다. 난민 문제는 영국의 유럽연합 탈퇴를 촉발한 여러 원인 중 하나로 작용하기도 했습니다. '극한 기후로 인한 러시아의 밀 생산 감소 → 시리아 내전과 국제전으로 확대 → 대규모의 시리아 난민 발생 → 유럽의 극우주의 부상과 영국의 유럽연합 탈퇴'로 이어지는 연쇄작용이 일어난 것이죠.

이러한 기후분쟁은 앞으로 더 심해질 수 있어요. 기후위기로 인한 식량 생산의 감소와 지구촌의 인구 증가 사이의 엇갈림이 갈수록 커지고 있기 때문입니다. 유엔에 따르면 기후위기로 인해 식량 생산량은 10년에 2퍼센트씩 감소할 것이라고 해요. 이에 비해 전 세계 인구는 2050년까지 10년에 14퍼센트씩 늘어나 약 100억 명이 될 것으로 보이고요. 먹거리는 부족해지는데

인구는 늘어날 것이라는 이야기죠. 이러한 우려를 뒷받침하듯, 기온이 1.5도 상승하면 식량 생산 감소로 고통받게 될 사람이 3,500만 명, 2도 상승하면 3억 6,200만 명이 될 거라는 연구 결과도 있습니다.

먹거리 부족만이 문제가 아닙니다. 아예 살 곳을 잃어버리는 사람들도 늘어나고 있어요. 적도 부근에 있는 태평양의 섬나라들이 대표적입니다. 해수면이 상승하면서 투발루, 마셜군도, 키리바시, 몰디브 등이 사라질 위기에 처해 있습니다. 이러한 현실을 국제사회에 알리면서 도움을 요청한 장면이 있었어요. 제26차 유엔기후변화협약 당사국총회에서 투발루의 사이먼 코페 외교 장관이 허벅지까지 차오른 바닷물 속에서 화상 연설을 한 겁니다. 그는 "우리는 영토가 물에 잠겨 국민을 이주시켜야 하는 최악의 시나리오를 대비한 계획을 세우고 있다"며, '기후 이동성climate mobility'을 강조했어요. 해수면 상승으로 사라질 위기에 놓인 국가 주민들의 이주 권리가 기후정의 차원에서 인정받아야 한다는 뜻이죠.

태평양의 섬나라뿐만이 아닙니다. 아프리카에선 사막화가 확대되어 인간이 살 수 없는 땅이 늘어나고 있고, 방글라데시 등 저지대에 있는 국가도 해수면 상승으로 거주 가능 지역이 줄어들고 있어요. 지구온난화로 해수면이 상승할 경우 가난한 나라만 위협받는 것은 아닙니다. 부자 나라의 해안가 대도시도 영향받게 됩니다.

이처럼 기후위기로 인해 실향민이 된 사람을 '기후 이재민'이라고 부를 수 있을 겁니다. 유엔에 따르면, 2010년부터 10년 동안 발생한 전 세계의 기후 이재민은 8,000만 명에 달한다고 해요. 이 가운데 3,500만 명은 고국으로 돌아가지 못했고요. 앞으로 이 숫자는 더욱 늘어나, 2050년까지 기후 이재민이 세계 인구의 12퍼센트인 12억 명이 될 거라고 합니다. 이처럼 먹을 것은 부족해지고 살 곳을 잃는 사람들이 많아지면 어떻게

될까요? 국립기상과학원장을 지낸 조천호 경희사이버대 교수는 "식량 생산이 넘쳐나는 세상에서도 굶어 죽는 사람이 생기는데 진짜 식량 생산이 부족해지면 지옥이 될 것"이라고 우려하면서 특단의 대책이 필요하다고 강조합니다.

앞서 언급한 것처럼 기후위기가 분쟁이나 전쟁을 야기하는 필연적인 원인은 아닙니다. 인간이, 특히 정책 결정에 힘이 있는 사람들이 어떤 노력을 기울이느냐에 따라 달라질 수 있기 때문이죠. 가령 기후위기에 큰 책임이 있는 부자 나라들이 기후위기에 거의 책임이 없으면서도 그 피해를 가장 크게 보고 있는

나라들을 돕는다면 기후분쟁을 크게 줄일 수 있을 겁니다.

하지만 기후분쟁이 누군가에게는 '기회'로 작용하고 있어요. 앞서 언급한 군산복합체가 바로 그들이죠. 일례로 미국의 펜타곤은 기후변화로 아프리카의 분쟁 빈도와 강도가 높아지자 "미군의 개입을 더욱 강화할 필요가 있다"며 아프리카 사령부를 창설했습니다. 또 미국의 주요 군수산업체인 레이시온은 기후변화로 인해 "사업 기회가 확장될 것"이라고 밝혔는데요. 기후변화가 야기하는 "폭염, 폭풍, 가뭄, 홍수"가 "안보 우려"를 자극할 것이고, 이로 인해 발생하는 분쟁이 또 다른 이윤의 원천이 될 수 있다고 본 것이죠.

어떤가요? 여러분도 악순환의 고리를 충분히 확인할 수 있었나요? 이런 악영향을 가장 크게 미치는 대표적인 국가는 미국이지만, 군사화 열풍이 전 세계를 강타하면서도 이러한 악순환은 지구적인 현상이라고 해도 과언이 아닙니다.

10

노벨상 수상자들은
어떤 호소를 했나요?

2019년에 있었던 일입니다. 마크롱 프랑스 대통령과 보우소나루 브라질 대통령 사이에 거친 설전이 벌어졌습니다. 당시 브라질 정부는 경제개발을 이유로 "지구의 허파"로 불리는 아마존강 유역의 열대우림을 크게 훼손하여 국제사회의 비난을 받고 있었어요. 그래서 마크롱이 이를 "에코사이드"라고 부르면서 맹비난을 퍼부은 거예요. 에코사이드는 '생태 학살'이란 뜻으로 대규모 생태계 파괴 행위를 일컫는 말입니다. 가만히 있을 브라질 대통령이 아니었죠. 보우소나루는 프랑스가 브라질을 "식민지"

취급하고 있다고 맞받아쳤습니다.

보우소나루의 논리는 "주권은 양도할 수 없다"는 것입니다. 그래서 자기 땅에서 자기들의 발전을 위해 아마존 유역을 개발하는 것은 다른 나라가 간섭할 수 없는 주권상의 권리라고 주장한 것이죠.★ 이에 반해 마크롱은 아마존 유역의 열대우림 훼손은 모든 인류에게도 영향을 미치는 지구적 문제라며 브라질은 자제할 줄 알아야 한다고 주장했습니다. 여러분은 누구의 주장이 더 설득력이 있다고 생각하세요?

아마도 마크롱의 손은 들어줄 사람이 많을 것 같습니다. 그런데 이 에피소드가 품고 있는 불편한 진실에도 주목할 필요가 있어요. 바로 '기후 불평등' 문제입니다. 기후 불평등은 사람들 사이에도, 국가들 사이에도, 대륙들 사이에도, 그리고 세대 간에도 넓게 퍼져 있습니다. 탄소 배출량을 보더라도 이를 잘 알 수

★ 2022년 브라질 대통령 선거에서 루이스 이나시우 룰라 다시우바가 보우소나루를 꺾고 대통령에 당선되었습니다. 룰라는 "브라질이 돌아왔다"며 기후위기 대처에 적극 동참하겠다고 약속했습니다.

있습니다. 전 세계 소득 상위 1퍼센트가 배출한 탄소량은 하위 50퍼센트가 배출한 탄소량보다 두 배나 많다고 해요. 주요 선진 국들이 지금까지 내뿜은 탄소량도 개발도상국이나 빈곤국보다 압도적으로 많고요.

파키스탄의 사례는 이를 잘 보여주고 있습니다. 1959년 이래 전 세계 탄소 배출량 중 파키스탄이 차지하는 비중은 0.4퍼센트라고 합니다. 파키스탄 인구가 약 2억 4,000만 명으로 세계 5위라는 점을 감안하면 미미한 수준이라고 할 수 있죠. 그런데 기후변화에 따른 피해는 가장 크게 입은 국가 가운데 하나입니다. 일례로 2022년 6~8월에 내린 폭우로 국토의 3분의 1이 물에 잠기고 1,700여 명의 사망자와 3,300만 명의 이재민, 그리고 50조 원이 넘는 재산 피해가 발생했습니다. 기후변화에 이렇다 할 책임이 없는 나라가 가장 큰 피해를 당한 셈이죠. 홍수 피해 현장을 방문한 안토니우 구테흐스 유엔 사무총장은 "많은 인도주의적 재난을 봤지만 이런 규모의 기후 참사는 본 적이 없다"며 그 책임은 선진국들에게 있다고 일갈했습니다. 선진국들이 화석연료를 마구 사용하면서 경제발전을 이룬 대가를 후발 국가들이 치르고 있다는 것이죠.

이러한 사례에서도 알 수 있듯이 기후변화 대처를 위해서는 개발도상국의 선택도 매우 중요해지고 있어요. 여러 선진국들은 탄소 중립을 목표로 내세우면서 탄소 배출량을 줄이고 있는데, 대다수 개발도상국들은 오히려 탄소 배출을 늘리고 있거든요. 파키스탄의 경우에도 2015년 1억 7,000만 톤이었던 탄소 배출량이 2020년엔 2억 3,000만톤을 기록했어요. 그 옆에 있는 인도도 중국, 미국에 이어 세계 3위의 배출국이 되었고요.

자, 어떤가요? 국경을 초월한 기후위기 대처를 위해서는 개발도상국들의 동참도 반드시 필요하겠죠? 그런데 문제가 있습니다. 탄소 배출에 의존하는 경제구조를 바꾸기 위해서는 화석연료 비중을 크게 줄이고 재생에너지 비중을 높여야 합니다. 이를 위해서는 막대한 투자가 필요한데, 개발도상국들은 그럴 여력이 별로 없습니다. 선진국들도 이를 잘 알고 있어요. 그래서 2009년 선진국들은 개발도상국들의 기후협약 이행을 위해 매년 1,000억 달러의 기후 금융을 제공하기로 약속했어요.

실상은 어땠을까요? 2016년까지는 500억 달러 안팎을 맴돌았고 2017년 이후에도 800억 달러를 넘지 못했어요. 그러자 개발도상국들은 제26차 유엔기후변화협약 당사국총회에서 이를 집중적으로 문제 삼았어요. "왜 약속을 지키지 않느냐"고 따지면서, 개도국에 대한 지원을 2025년까지 최소한 2,000억 달러로 늘리고 2030년에는 1조 달러까지 높여야 기후변화에 효과적으로 대처할 수 있다고 주장했습니다. 유엔 역시 "2030년 온실가스 배출량을 2019년보다 43퍼센트 줄이려면 지금보다 3~6배 많은 투자가 필요하다"고 거들었습니다. 연간 지원금이 3,000억~6,000억 달러는 되어야 한다는 것이었죠.

그러나 선진국들은 개발도상국에 지원을 늘리기는커녕 이미 이뤄졌어야 할 연간 1,000억 달러 지원 목표 시기를 2023년으로 늦춰버렸습니다. 또 개발도상국들의 부채 상환 능력이 갈수록 떨어지고 있는데도 기후 금융 지원의 일정 부분을 차관 형태로 제공하기로 했답니다. 선진국들이 돈이 부족해서 이러는 것일까요? 꼭 그런 것은 아닙니다.

제26차 유엔기후변화협약 당사국총회가 끝난 직후 50여 명의 노벨상 수상자들이 "인류를 위한 단순하면서도 구체적인 제안"을 내놓았습니다. 선진국들이 돈이 없는 것이 아니라 엉뚱한 데 쓰고 있다면서, 세계 각국이 5년 동안 매년 2퍼센트씩 군사비를 줄이고 이 가운데 절반을 전염병, 기후변화, 빈곤 해결에 사용하자는 것이었어요.

2021년 세계 군사비는 2조 1,000억 달러를 돌파했고 2022년에는 2조 2,000억 달러에 달했습니다. 이는 2020년 화폐가치 기준으로 냉전시대였던 1989년의 1조 6,000억 달러보다 5,000억 달러, 1999년에 비해서는 1조 달러나 많은 액수입니다. 이로 인해 1999년에 118달러였던 세계의 1인당 군사비가 2021년에는 268달러로 2.2배나 폭등했습니다. 코로나19를 비롯한 전염병, 실존적 위협으로 다가오고 있는 기후위기, 세계 인구의 절반에 해당하는 빈곤층에도 불구하고 주요 국가들은 '국가 안보'를 이유로 '지구 안보'와 '인간 안보'는 도외시하고 있는 겁니다.

기후위기와 군사비 지출의 상관관계를 보면 주목할 점은 또 있어요. 다음의 표에서도 알 수 있듯이 군사비를 많이 쓰는 나라들이 탄소도 많이 배출한다는 것이죠. 탄소 배출 비율과 군사비 비중이 10위권인 나라들을 주황색으로 표시했는데요. 무려 8개국이 탄소 배출 비율과 군사비 지출에서 세계 10위 안에

2021년 전 세계 탄소 배출 비율과 군사비 비중 순위

국가 순위	탄소 배출 비율	국가 순위	군사비 비중
1. 중국	30.90	1. 중국	37.9
2. 미국	13.49	2. 미국	13.9
3. 인도	7.30	3. 인도	3.6
4. 러시아	4.73	4. 영국	3.2
5. 일본	2.88	5. 러시아	3.1
6. 이란	2.02	6. 프랑스	2.7
7. 독일	1.82	7. 독일	2.7
8. 사우디	1.81	8. 사우디	2.6
9. 인도네시아	1.67	9. 일본	2.6
10. 한국	1.66	10. 한국	2.4

(단위: %)

공통적으로 들어가 있는 것을 확인할 수 있어요.

이러한 현실을 조금이라도 바꿔보자고 노벨상 수상자들은 "단순하면서도 구체적인 제안"을 내놓았지만, 이에 호응하는 나라는 거의 없는 실정입니다. 주요 국가들은 군사비를 줄이기는커녕 오히려 급격히 늘리고 있어요. 지난 20년 동안 군사비를 무려 40퍼센트나 늘려 '천조국'이 된 미국은 누구도 따라올 수 없는 군사력을 구축하겠다며 매년 군사비를 큰 폭으로 올리고 있습니다. 이에 질세라 중국도 2035년까지 인민해방군의 군사력 현대화를 완료하고 2049년까지 "세계 일류 군사력" 건설을 목표로 내세우면서 세계에서 가장 빠른 속도로 군사비를 높이고 있고요. 두 나라의 군사비를 합치면 세계 군사비의 52퍼센트에 달합니다.

다른 주요 국가들도 마찬가지입니다. 유럽연합 소속 29개 국가들은 2023년 군사비로 총 2,090억 달러를 지출할 예정이라고 밝혔는데, 이는 유럽연합 역사상 최대치입니다. 특히 미국을 포함한 나토 회원국들이 러시아의 위협에 대처한다는 이유로 국방비를 크게 늘리고 있어요. 2021년 기준으로 나토 회원국의 국방비 총액은 러시아보다 17배나 많았는데, 우크라이나전쟁을 거치면서 그 격차가 더욱 커지고 있습니다. 2008년 세계 금융위기와 2010년대 저유가로 인해 주춤했던 러시아의 군사비 역시 2018년부터 크게 높아지기 시작해 2021년에는 약 660억 달러까

지 상승했습니다. 특히 2022년 2월 우크라이나를 침공한 이후 전쟁이 장기화되면서 군사비를 크게 늘리고 있습니다.

일본의 움직임에도 주목할 필요가 있습니다. 일본은 오랫동안 GDP 대비 1퍼센트 미만으로 군사비를 사용해왔습니다. 그런데 2023년부터 군사비를 크게 올려 2027년에는 GDP 대비 2퍼센트까지 올리겠다는 입장을 밝혔어요. 계획대로 이루어질 경우 2027년에는 일본이 미국, 중국에 이어 세계 3위의 군비 지출 국가가 될 가능성이 높습니다. 우리나라 역시 만만치 않습니다. 2000년에 일본 군사비의 3분의 1 수준이었던 우리나라 군사비는 2022년에는 일본과 거의 비슷해졌을 정도로 빠른 속도로 증가했습니다. 여기에서 그치지 않고 2023년부터 매년 6~7퍼센트를 늘려 2027년에는 76조 원의 군사비를 쓰겠다는 목표를 제시한 상황입니다.

"국제사회에는 영원한 동지도 영원한 적도 없다"는 말, 여러분도 들어보셨죠? 적대 관계에 있다가도 '공동의 적'이 나타나면 동지가 되기도 하고, 반대의 경우도 있을 수 있다는 뜻입니다. 그래서 "힘만이 살길"이라며 군사력을 증강하고 동맹을 맺는 경우가 많아요. 오늘날 거의 모든 이들이 이구동성으로 말하는 인류 사회와 지구촌의 공동의 적은 바로 기후위기입니다. 그런데도 공동의 대처가 잘 이루어지지 않고 있어요. 왜 그럴까요? 여러분에게 던져보고 싶은 질문입니다.

11

미국과 중국의 경쟁은 어떻게 봐야 할까요?

1949년 중화인민공화국(중국) 건국 이후부터 현재까지 미중 관계 흐름을 추적해보면 "국제사회에는 영원한 적도, 영원한 동지도 없다"는 말을 실감하게 됩니다. 1970년대 초까지만 하더라도 두 나라 관계는 적대적이었어요. 한국전쟁 당시 치열한 교전을 벌인 것이나 대만해협에서 여러 차례 무력 충돌 위기를 겪은 것에서도 이를 잘 알 수 있어요. 아시아 냉전의 핵심 축이 바로 미중 관계였던 셈입니다.

그러다가 미중은 관계 개선을 타진하기 시작했어요. 당시 미국은 베트남전쟁에서 고전을 면치 못하고 있었는데, 이 전쟁을 끝내려면 중국의 협조가 필요하다고 여겼죠. 중국도 소련과의 관계가 악화되면서 소련을 상대하려면 미국과의 관계 개선이 절실하다고 생각했고요.

여러분, '적의 적은 친구'라는 말 들어보셨죠? 미국-중국-소련 관계가 바로 여기에 해당됩니다. 미국의 숙적이었던 소련이 중국의 적이 되었으니 미국과 중국이 서로 친구가 될 필요를 느끼게 된 것이죠. 이러한 필요에 따라 1972년에 리처드 닉슨 대통령이 중국을 방문해 마오쩌둥과 저우언라이를 만나 양국 관계를 개선하기로 합의합니다. 지정학적 대변동을 포착한 일본도 발 빠르게 중국과 수교를 맺었고요. 아시아 냉전은 이를 계기로 큰 변화를 맞이합니다.

그런데 미중의 '공동의 적'이었던 소련이 1991년 12월에 몰락하고 맙니다. 그러면서 미중 우호 관계의 축 하나가 무너집니다. 그러자 미국의 강경파들은 "이제 중국의 부상을 견제해야 한다"고 주장하기 시작했어요. 소련이라는 주적이 사라진 자리를 중국이라는 새로운 적으로 채우려는 움직임이 생겨난 거예요. 하지만 미중이 적대 관계로 돌아가기에는 경제적 상호의존이 너무나도 깊고 커졌답니다. 중국이 경제성장을 지속하기 위해서는 미국의 투자와 기술이 절실했고, 미국도 경제적 이익을 도모하기 위해서는 세계 최대 공장이자 시장으로 떠오르는 중국을 외면할 수 없었던 것이죠. 이렇듯 양국 관계는 군사 안보 차원에선 갈등이 커지고 경제적으로는 상호의존하는 형태로 지속되었어요.

2010년을 전후해 미중 관계는 또다시 근본적으로 바뀝니다. 냉전 종식 이후 유일 패권국으로 군림해온 미국은 쇠퇴하고 중국은 급성장을 거듭한 게 결정적인 원인으로 작용합니다. 미국의 쇠퇴는 국제관계, 경제, 정치 분야를 망라해서 나타났어요. 우선 미국이 '제국의 꿈'을 안고 강행한 아프가니스탄 및 이라크 전쟁이 '제국의 무덤'이 되고 말았어요. 자신이 시작한 전쟁에서 사실상 패배한 것이죠. 또 2008년 금융위기를 거치면서 경제적으로 큰 어려움을 겪었습니다. 설상가상으로 미국 정치의 양극화가 극심해지면서 "미국의 최대 위협은 미국 정치"라는 자조 섞인 말이 유행하기도 했답니다.

이에 반해 중국은 2010년에 일본을 밀어내고 세계 2위의 경제대국으로 부상합니다. 중국이 눈부신 경제성장을 거듭하면서 미중 간의 경제력 격차도 빠르게 좁혀졌어요. 2008년 중국 GDP는 미국의 31퍼센트였지만, 2020년에는 71퍼센트에 달했을 정도로 말이죠. 혹자는 중국이 2030년을 전후해 미국을 제치고 세계 1위의 경제대국이 될 것이라는 전망도 내놓고 있습니다. 한편 중국은 1990년 이래 매년 약 10퍼센트 안팎으로 국방비를 증액했는데, 그 결과 1990년에는 미국 국방비의 5퍼센트 수준이었던 국방비가 2020년에는 미국 국방비의 30퍼센트 수준으로 올라섰어요.

이처럼 중국이 미국을 빠르게 추격해오자 미국은 본격적으로 중국의 부상을 억제하려는 정책과 전략을 마련합니다. 오바마 행정부는 '아시아 재균형 전략'으로, 트럼프 행정부는 '인도-태평양 전략'으로, 바이든 행정부는 '태평양과 대서양 동맹 네트워크 구축'으로 중국을 봉쇄하려고 한 것이죠. 미국의 목표를 한마디로 정리하면 '내 눈에 흙이 들어가기 전에 중국이 미국을 앞서는 꼴은 못 보겠다'는 것이라고 할 수 있습니다. 이러한 입장은 민주당이든 공화당이든 관계없이 나타나고 있고, 미국인들의 중국에 대한 비호감도 역대 최고 수준입니다. 그만큼 중국을 적대적인 경쟁자로 인식하는 미국 내 분위기가 강해지고 있습니다.

강해진 중국도 뒤로 물러설 생각이 없는 것 같아요. 이와 관련해 시진핑 국가주석이 강조하고 있는 '중국몽'을 살펴볼 필요가 있는데요. 핵심적인 내용은 중화인민공화국 수립 100주년이 되는 2049년에 종합 국력 세계 1위를 차지하겠다는 겁니다. 미국은 절대로 1위 자리를 내줄 수 없다고 하는데, 중국은 대놓고 1위로 올라서겠다는 것이죠. 그런데 미중의 경쟁은 두 나라만의 문제가 아닙니다. 지구촌에는 200개에 가까운 국가들이 있는데, 미국과 중국은 경쟁적으로 자기 편을 많이 만들려고 하고 있어요. 그래야 경쟁에서 이길 수 있다고 여기거든요.

이렇듯 미중 관계에는 대결과 협력과 경쟁이 어우러져 있
습니다. 이를 날카롭게 포착한 사람들이 있는데요. 미국 하버드
대의 역사학 교수인 니얼 퍼거슨과 독일 베를린 자유대의 경제

학 교수인 모리츠 슐라릭은 2009년에 미중 관계를 '차이메리카
Chimerica'로 표현하면서 불편한 동거를 지적한 바 있습니다. 중국
China과 미국America의 합성어인 차이메리카는 양국 관계가 마치

그리스 신화에 나오는 괴물 '키메라Chimaera'를 연상시킨다는 점을 착안해 만들어진 것인데요. 하나의 몸이 사자와 염소와 뱀의 형상을 한 세 개의 머리를 갖고 있는 것처럼, 미중 관계도 다양한 양상을 띠고 있다는 것이죠. 공교롭게도 영어 철자도 대단히 흡사합니다.

두 사람이 이 표현을 고안한 배경은 주로 경제적 이유 때문이지만, 저는 이 표현이 오늘날 미중 관계를 설명하는 가장 적확한 개념이라고 생각해요. 세 개의 머리를 '3C'로 설명할 수 있기 때문이죠. 3C는 경쟁Competition, 협력Cooperation, 대결Confrontation을 의미합니다. 이 표현이 유용한 이유는 미중 모두 양국 관계에 세 가지 측면이 있다고 밝힐 정도로 현실화되고 있기 때문입니다.

경쟁은 반도체와 같은 첨단기술 분야와 무역 등 경제 분야에서부터 군비경쟁과 세계 각국을 상대로 한 '내 편 만들기', 심지어 자유 민주주의이냐 권위주의이냐는 정치체제에 이르기까지 다방면에서 나타나고 있습니다. 동시에 미중 양국은 대표적인 협력 분야로 기후변화를 언급하고 있습니다. 그리고 대결은 주로 대만을 둘러싼 양국 사이의 공방과 중국이 주변국들과 영유권 분쟁을 겪고 있는 동중국해 및 남중국해에서 나타나고 있습니다. 이들 가운데 가장 주목할 부분이 바로 대만 문제입니다.

12

대만을 왜 '동아시아의 화약고'라고 부르죠?

신냉전을 방불케 하는 미중 경쟁과 대결의 '핫스팟'이 바로 대만입니다. 아마 여러분이 앞으로 가장 많이 들을 국제 뉴스 가운데 하나가 대만 뉴스일 거예요. 대만은 동아시아의 가장 위험한 '화약고'로 불리고 있기 때문입니다. 왜 그런지 살펴볼까요?

우선 대만의 독특한 특징부터 살펴볼게요. 대만의 공식 국호는 '중화민국'이지만, 대개 대만 혹은 타이완으로 불립니다. 반면 중국의 공식 국호는 '중화인민공화국'이에요. 1949년 국공 내전에서 국민당이 공산당에 패배해 중화민국 정부를 대만으로 이전한 이후 '중국과 대만 가운데 누가 중국을 대표하느냐'는 갈등이 있었습니다. 냉전 초기에는 미국을 위시한 대부분의 서방 국가들이 대만을 유일한 합법 정부로 간주했습니다. 그러나 미중 데탕트가 시작되면서 1971년 대만은 유엔 회원국의 지위를 잃었고, 중국이 그 자리를 대신하게 됩니다.

그 이후 대만과 단교한 나라들이 꾸준히 늘어 2023년 현재 193개 유엔 회원국 가운데 공식 수교를 맺은 나라는 12개국에 불과합니다. 반면 중국과 수교한 나라들은 크게 늘어나 2023년 현재 179개국이 되었습니다. 그리고 중국은 '하나의 중국' 원칙에 따라 대만도 중국의 일부라는 입장을 고수하고 있어요. 중국과 수교한 많은 나라들도 공식적으로는 '하나의 중국'을 인정하고 있고요.

하지만 중국-대만 관계, 즉 양안 관계뿐만 아니라 대만 내부와 국제정치의 맥락에서 볼 때 '하나의 중국' 원칙은 상당한 긴장 관계를 품고 있어요. 대만에는 국민당과 민진당이라는 두 개의 유력 정당이 있는데요. 국민당은 전통적으로 하나의 중국 원칙을 유지해온 반면, 민진당은 이를 거부하고 독립을 정당 강령에 명시해두고 있어요. 사정이 이렇다보니 대만에서 민진당이 집권하면 양안 관계가 악화되는 경우를 많이 볼 수 있습니다.

이러한 양안 관계에서 미국의 태도는 매우 중요한 요소입니다. 1971년 대만이 유엔에서 축출된 데에는 미국이 중국과의 관계 개선에 나선 것이 결정적인 배경으로 작용했던 것처럼 말이죠. 미국은 1979년에 공식적으로 중국과 수교를 맺었는데, 이와 동시에 '대만 관계법'을 제정합니다. 미중 수교와 대만 관계법이 의미하는 바는 이것입니다. '하나의 중국 원칙'에 따라 대만의 독립도 불허하고, '대만 관계법'에 따라 중국의 무력 통일 시도도 막겠다는 것입니다. 전문용어로 이를 '이중 억제'라고 부릅니다. 즉 미국은 양안 관계의 현상 유지를 선호해온 것이죠.

그런데 2016년 대만에서 차이잉원 총통을 수반으로 하는 민진당 정권이 들어서고 미중 전력 경쟁이 본격화되면서 미국-중국-대만의 삼각관계에 상당한 파장이 일어났어요. 차이잉원 정권은 공식적으로는 독립을 선언하지 않고 있지만, 사실상의 독립을 추구하고 있어요. 중국은 이러한 움직임을 좌시하면 대만 통일이 어려워질 것이라고 판단해 대만에 대한 압박을 강화하고 있고요.

이런 상황에선 미국의 태도가 중요하겠죠? 전통적으로 미국은 양안 관계의 균형을 추구해왔지만, 중국과의 경쟁이 치열해지면서 대만을 사실상의 주권 국가로 대하는 모습을 보이고 있습니다. 이를 잘 보여준 것이 바로 미국 권력 서열 3위인 하원의장의 행보입니다. 2022년 8월 낸시 펠로시 하원의장이 대만을 방문해 차이잉원 총통을 만났고요. 2023년 4월에는 차이잉원이 미국을 방문해 케빈 매카시 하원의장을 만났습니다. 그러자 중국은 군사력을 대거 동원해 대만 포위 훈련을 하는 등 강력히 반발했습니다.

펠로시는 민주당 소속이고, 매카시는 공화당 소속입니다. 그리고 미국의 가장 큰 문제는 정치적 양극화라는 말이 나올 정도로 민주당과 공화당의 반목과 대립은 심합니다. 그런데도 양안 관계와 관련해선 두 당이 비슷한 행보를 보이고 있어요. 그만큼 중국을 견제하고 대만을 중시하려는 움직임은 미국에서 초당적으로 나타나고 있습니다. 또 각종 여론조사를 보면 중국에 대한 반감이 역대 최고 수준이에요. 대만 문제를 둘러싼 미중 갈등이 쉽게 해결되기 힘든 상황인 셈이죠.

그럼 미국은 왜 대만을 이처럼 중시하는 걸까요? 우선 대만은 '불침항모不沈航母'라고 불릴 정도로 지정학적으로 매우 중요한 위치에 있어요. 또 세계 최대 물동량 지역인 인도·태평양 해상 수송로의 중간에 위치한 지경학적 요충지이기도 하고요. 미중 기술 경쟁의 대표적인 품목인 반도체 생산능력을 보유하고 있다는 경제적 저력도 빼놓을 수 없겠죠. 아울러 미국이 오늘날의 세계 질서를 '민주주의 대 권위주의의 대결'로 내세우면서 중국은 대표적인 권위주의 국가로, 대만은 민주주의의 모범 사례로 거론하고 있다는 점도 중요합니다.

이처럼 대만 문제는 지정학, 지경학, 첨단기술, 이념과 가치 등 다방면에 걸친 미중 전략 경쟁의 정중앙에 포진해 있습니

다. 어떠한 형태로든 중국이 대만을 통일하면 미국을 더욱 빠르게 추격하거나 추월할 가능성도 그만큼 높아지는 것이죠. 중국도 이러한 야심을 숨기지 않고 있어요. 2049년에 미국을 제치고 세계 최강국으로 우뚝 서려는 '중국몽'을 실현하기 위해서는 대만 통일이 필수라고 생각하는 것이죠. 그래서 평화적 통일을 추구하겠지만 무력 사용도 배제하지 않겠다는 입장을 줄곧 밝히고 있어요.

미국이 '중국 위협론'을 키워나가면서 대만 문제를 활용해 중국을 견제·봉쇄하려는 전략에 몰두하는 것도 이런 현실과 맞닿아 있습니다. 대만의 미래가 미중 전략 경쟁의 가장 중요한 '게임 체인저'가 되고 있는 만큼, 중국몽을 꺾기 위해서는 현상 유지, 즉 중국과 대만이 분리된 상태로 유지되어야 하는 것이죠. 이를 위해 미국은 자체적으로 중국을 견제하는 데 힘을 집중하는 한편, 동맹국들도 대거 규합하고 있습니다. 중국과 근접한 한국, 일본, 오스트레일리아, 필리핀은 물론이고, 유럽의 나토 회원국들에게도 힘을 합쳐 중국을 견제하자고 설득하고 압박하는 것이죠.

그렇다면 대만에서 전쟁이 벌어져 미국과 중국이 충돌하는 일이 발생할까요? 일단 가능성은 낮다고 할 수 있어요. 대만이 공식적으로 독립을 선언할 가능성도, 중국이 다짜고짜 무력통일에 나설 가능성도 매우 낮기 때문입니다. 그렇다고 안심할 수 있는 상황은 아니에요. 대만이 공식적으로 독립을 선언하지는 않고 있지만 사실상 주권국가의 지위를 추구하고 있고 미국과 일부 동맹국도 이에 동조하고 있으니까요. 이러한 흐름이 강해질수록 평화통일 가능성도 위축될 거예요. 앞에서 설명했듯 이와 관련해 중국은 가급적 평화통일을 추구하면서도 그 가능성을 완전히 상실할 경우 무력을 써서라도 통일할 수 있다고 밝히고 있으니까요.

미국은 중국이 대만을 침공할 가능성이 높아지고 있다고 판단하여 대만에 무기 판매를 늘리고 동맹국들을 규합하고 있습니다. 중국의 오판을 막겠다며 군사력을 대폭 강화하고 있는 것입니다. 그런데 군사력으로 중국의 대만 침공을 억제하겠다는 논리에는 또 하나의 오판이 존재합니다. 대만과 미국, 그리고 동맹국들이 대중 억제력을 강화할수록 중국은 평화통일의 가능성이 사라지는 것으로 간주할 것이라는 사실입니다. 이 것이 의미하는 바는 엄중합니다. 통일을 국시로 삼고 있는 중국 은 평화통일이 불가능해지면 무력을 써서라도, 또 막대한 피해 를 감수하더라도 대만을 통일하겠다는 결기를 더욱 강하게 다 질 것이기 때문입니다.

대만 문제의 향방과 관련해 단기적으로 가장 큰 변수는 2024년 1월로 예정된 대만 총통 선거라고 할 수 있어요. 이 선 거에서 민진당이 정권 재창출에 성공한다면, 대만해협의 파고 는 더욱 높아질 공산이 큽니다. 2024년 11월 미국 대통령 선거 에서 '중국 때리기'가 힘을 얻을 것이라는 점에서 더욱 그렇습니 다. 반면 국민당이 정권 탈환에 성공한다면, 대만해협의 긴장은 누그러질 가능성이 높습니다. 국민당은 '통일하지 않고 독립하 지 않고 무력을 쓰지 않겠다'는 3불[*]에 기초해 현상을 유지하면 서도 중국과의 관계 개선에 나설 것으로 보이기 때문입니다.

이처럼 대만의 앞날은 여러 가지 불확실성으로 가득 차 있 습니다. 최선의 해결책은 대만 문제의 평화적인 해결입니다. 또

이 문제는 우리에게도 '바다 건너 불'이 아닌 만큼 관심을 갖고 평화적인 해결을 위해 우리가 기여할 수 있는 부분을 찾는 것도 매우 중요합니다. 이 책의 주제인 '기후위기'의 관점에서 대만 문제를 바라보는 것도 하나의 방편이 될 수 있습니다. 대만 문제를 둘러싸고 군비경쟁이 첨예해지고 있는데, 이는 기후위기 대처에 필요한 탄소 배출 저감과 재원 마련, 그리고 국제 협력을 모두 어렵게 만들고 있으니까요.

13

우리가 사는 한반도는 어떤가요?

지금까지는 주로 다른 나라와 지역 이야기를 들려드렸는데요.
이제 우리가 살고 있는 한반도 이야기로 넘어가보겠습니다. 한
반도는 세계에서 기후변화에 가장 취약한 지역 가운데 하나로
꼽힙니다. 지난 100년 동안 지구 평균기온은 0.75도 상승한 데
비해 한국은 1.7도, 북한은 1.9도 상승했습니다. 여러분도 언론
을 통해 남북한 모두 기후변화로 인해 몸살을 앓고 있다는 소식
을 접했을 겁니다.

여러분, 1.5도 기억하시죠? 네 맞습니다. 2015년 파리기후변화협약에서 내세운 목표치입니다. 지구 온도가 산업화 이전보다 1.5도 이상 높아지는 것을 막아야 한다는 것입니다. 자, 지구 온도가 1.5도 오를 경우 우리나라엔 어떤 일들이 벌어질까요? 한 해 태풍으로 인한 피해가 최대 17조 원에 달할 정도로 기상이변이 잦아질 것이라고 합니다. 또 고온으로 인한 온열질환 사망자도 크게 늘어나고 어류 생산량도 절반으로 줄어들 수 있다고 해요. 서울은 세계 대도시 가운데 홍수 위협을 가장 크게 받을 것이고, 항구 대도시인 부산·인천·울산 등도 해수면 상승으로 큰 피해를 입을 것으로 예측되고 있습니다.

이뿐만이 아닙니다. 현재 우리나라의 식량자급률은 20퍼센트 정도에 불과해 80퍼센트가량을 외국에서 수입해야 합니다. 따라서 기후위기는 우리나라의 식량 안보에도 치명타가 될 수 있어요. 두 가지 측면에서 확인할 수 있습니다. 하나는 기상이변으로 인해 우리나라의 자체적인 식량 생산이 위협받을 수 있다는 것인데요. 2021년과 2022년에 중부는 역대급 홍수로, 남부는 역대급 가뭄으로 농업생산에 차질을 빚은 것에서도 알 수 있듯이 이러한 현상은 이미 나타나고 있습니다. 또 어획량이 크게 줄어들면 바다를 포기하는 어민들도 늘어날 거예요. 또 하나는 앞서 설명했듯이 기후위기로 인해 지구 전체 식량생산이 줄어들면 우리나라가 수입해야 하는 식량 가격도 크게 오르면서 큰 부담을 안길 거예요. 만성적인 식량난에 시달려온 북한도 예외는 아니에요. 남한보다 북한이 기후위기에 더 취약하니까요.

그리고 한반도는 세계에서 군사 활동이 가장 활발하게 전개되고 있는 지역 가운데 하나입니다. 여러분도 언론을 통해 자주 접하는 한미연합훈련을 예로 들어볼게요. 한미연합훈련에는 한국군과 주한미군은 물론이고 한반도 밖에 있는 미군과 유엔사령부에 속한 나라의 군대도 참여하는데요. 특히 매년 봄에 실시되는 훈련은 세계 최대 규모입니다. 이 훈련에 투입되는 병력수만 해도 30만 명 안팎에 달하고 각종 전투기와 함정, 전차와

장갑차, 미사일과 드론 등 무기와 장비가 대거 동원됩니다. 이렇게 훈련 규모가 큰 것은 전면전을 상정하기 때문이에요. 연합 훈련은 북한의 공격을 '방어'하고 북한을 군사적으로 점령하는 '반격'을 포괄하고 있어요. 이 밖에도 한미는 연중 다양한 연합 훈련을 실시하고 있고, 한국군과 주한미군이 따로 훈련하기도 합니다.

북한은 남한처럼 외국과 연합훈련을 하지는 않습니다. 하지만 북한 하면 떠오르는 군사 활동이 있습니다. 바로 핵실험과 미사일 발사입니다. 21세기 들어 2023년 7월 현재까지 전 세계에서 모두 여섯 차례의 핵실험이 이루어졌는데, 모두 북한이 했습니다. 핵무기를 안보의 중추로 삼기로 한 북한은 핵무기를 탑재할 수 있는 미사일 개발·시험·생산에도 박차를 가하고 있습니다. 특히 2022년 한 해 동안 북한은 총 70발가량의 미사일을 시험 발사했는데요. 이는 이전 연간 최다 기록인 2019년의 27발을 크게 넘어선 것입니다. 그만큼 북한이 핵과 미사일에 집착하고 있다는 걸 알 수 있죠.

그렇다면 한국군의 탄소 배출량은 어느 정도 될까요? 국방부는 2021년에 <군 온실가스 배출량 산정 및 탄소 중립 정책 추진 방안>이라는 연구 용역 보고서에서 2020년 군사 부문의 탄소 배출량을 388만 톤이라고 밝힌 바 있습니다. 하지만 이 수치에 군수산업 관련 배출량은 포함되어 있지 않아요. 한국이 세계 7~8위 수준의 무기 수출국이라는 점을 고려하면, 군수산업의 배출량도 상당할 것이라고 추정할 수 있습니다.

한편 정부는 '공공 부문 온실가스 에너지 목표 관리제'를 통해 전국 783개 공공기관의 탄소 배출을 관리하는데, 2020년 783개 기관이 배출한 탄소량은 370만 톤이라고 해요. 군사 분야의 탄소 배출이 월등히 많다는 것을 알 수 있죠. 하지만 한국에서도 군사 분야는 탄소 배출 관리 대상의 예외로 남아 있어요. 주무 부처인 환경부의 지침에 '국가안보, 국방과 직결되는 시설'일 경우 목표 관리 대상 시설에서 '제외할 수 있다'고 규정하고 있기 때문입니다.

좀 더 실감나게 설명해볼게요. 2021년 제26차 유엔기후변화협약 당사국총회에 문재인 대통령이 참석했습니다. 문 대통령은 남북한 산림 협력으로 한반도 전체의 온실가스를 감축하겠다는 구상을 밝히면서 북한의 호응을 촉구했습니다. 저는 이 뉴스를 접하고 하늘을 쳐다봤어요. 우리나라 대통령이 온실가스 감축을 위해 남북한의 산림 협력을 제안하고 있을 때, 우리나라 상공에선 전투기를 비롯한 200여 대의 군용기들이 한미연합공중훈련을 실시하고 있었거든요. 과연 200여 대의 군용기가 내뿜은 온실가스의 양은 얼마나 될까? 그때 저는 그런 질문을 떠올렸습니다.

그리고 제 나름대로 계산해봤어요. 정확한 자료가 없어 어림잡아 계산했지만 200여 대의 군용기가 5일간의 훈련 기간 동안 내뿜은 탄소량은 3,000톤 정도 됩니다. 이는 1,700대의 차량이 1년 동안 내뿜는 탄소량과 비슷합니다. '그렇다면 얼마나 많은 나무를 심어야 이를 상쇄할 수 있을까?' 산림과학원에 따르면, 30년생 소나무 한 그루가 흡수하는 탄소량은 연간 6.6킬로그램이라고 해요. 그렇다면 연합공중훈련으로 배출된 3,000톤의 탄소량을 상쇄하기 위해서는 약 45만 그루의 나무를 심어야 한다는 계산이 나옵니다.

또 다른 예를 들어볼까요? 우리 해군의 숙원 사업 가운데 하나가 바로 전투기 등 군용기를 싣고 다니는 항공모함 보유입니다. '경항모'로 할 것이냐, '중항모'로 할 것이냐는 논란이 있지만 항모 도입이 공론화되고 있는 것은 분명합니다. 그럼 항모는 얼마나 많은 탄소를 배출할까요? 6만 5,000톤급 항모인 영국의 퀸 엘리자베스를 예로 들어보겠습니다. 이 항모는 700만 리터의 연료를 탑재할 수 있는데요. 영국 해군의 말따나 "자동차 12만 7,000대의 연료를 채울 수 있는 분량"입니다. 그리고 퀸 엘리자베스 항모가 700만 리터의 연료를 모두 소진하면 약 1만 8,000톤의 탄소가 배출되고요. 그러니 우리나라가 이 정도 규모의 항모를 도입하면 항모 작전 훈련을 할 때마다 엄청난 탄소를 배출할 게 분명합니다. 항모 제조 과정 그리고 여러 함정과 잠수함이 항모를 호위하는 과정에서도 추가적인 탄소 배출이 이뤄질 것이고요.

제가 기후위기가 심해지면 우리나라에 어떤 영향이 미칠지,

그리고 군사 분야의 탄소 배출이 얼마나 나오는지 각각 설명드린 이유는 이 두 가지 문제를 함께 봤으면 하는 바람에서입니다. 이러한 바람을 담아, 또 '딸바보'처럼 김주애를 곳곳에 데리고 다니는 김정은 국무위원장이 읽어봤으면 하는 바람을 담아 <한겨레>에 이런 글을 쓴 적도 있습니다.

> 김 위원장의 자녀를 포함한 아이들의 미래는 기후위기와 떼어놓고 생각할 수 없다. 더구나 한반도는 기후변화의 취약 지역 가운데 하나이다. 그런데 이 좁디좁은 한반도가 세계에서 가장 격렬한 군사행동의 경연장이 되고 있다. 막대한 화석연료를 사용하는 군사 무기와 장비는 엄청난 탄소를 배출한다. 하루가 멀다 하고 북한이 쏘아대는 미사일도 마찬가지이다. 그래서 김 위원장은 화염을 내뿜으면서 날아오르는 미사일을 보면서 자부심을 느낄 것이 아니라 아이들의 미래를 어둡게 만들고 있는 현실을 직시해야 한다.

우리가 냄비 속 개구리의 신세에서 벗어나려면 군비경쟁의 열기부터 식히는 게 매우 중요합니다. 하지만 한반도 안팎에서 군사 활동은 나날이 늘어나고 있어요. 여기에는 남북한 사이의 군사적 대치가 주된 원인으로 작용하고 있지만, 보다 큰 그림으로 볼 필요도 있습니다. 바로 미국과 중국의 경쟁입니다. 미국은 한국의 유일한 동맹국이고 중국도 북한의 유일한 동맹국입니다. 그런데 이 나라들의 관계가 나빠지면 어떻게 될까요? 당연히 이들의 동맹국들인 남북한도 큰 영향을 받을 겁니다. 설상가상으로 2020년대 들어 한·미·일 대 북·중·러의 대결 구도도 확연해지고 있어요. 한반도의 분단과 전쟁, 그리고 70년째 이어져 온 정전체제는 냉전과 떼어놓고 생각할 수 없는데, 기존의 냉전체제가 극복되기는커녕 신냉전의 한복판에 서 있게 된 것이죠.

14

'그린 데탕트'는 뭔가요?

'그린 데탕트Green Détente'는 생태 환경을 뜻하는 '그린Green'과 프랑스어로 '긴장 완화'를 뜻하는 '데탕트Détente'를 합성한 것입니다. 제가 이 표현을 처음 떠올린 때는 2021년 여름이었습니다. 그해 여름에 지구촌 곳곳이 극한 기후로 몸살을 앓고 있는 뉴스를 보면서 '기후변화, 이거 정말 큰 문제구나'라고 생각했습니다. 이와 관련해 읽을 책을 찾느라 책장을 훑어보다가 데이비드 월러스 웰즈가 쓴 『2050 거주불능 지구』를 집어 들었습니다. 2020년 봄 처음 이 책을 접했을 때는 '너무 과장이 심한 거 아냐'라는 생각이 들어 읽다가 말았는데, 다시 읽어보니 그게 아니었습니다. 이 책에서 그린 암울한 시나리오가 하나둘씩 현실로 나타나고 있었기 때문입니다.

그래서 이 걱정거리들을 '그린 데탕트'라는 하나의 그릇에 담아보고 싶었습니다. 기후위기와 신냉전이라는 양대 위기를 '그린 데탕트'로 합쳐서 사고하면 새로운 접근이 가능하지 않을까 생각해보았습니다. 지구도 뜨거워지고 군비경쟁도 뜨거워지는 현실을 보면서 기후위기를 '게임 체인저'로 삼을 수 있지 않을까 생각해보았습니다.

'그린 데탕트'라는 표현을 떠올리면서 자료를 찾아보니 이명박 정부가 이 표현을 처음 사용했고 박근혜 정부도 국정과제의 하나로 삼았었다는 것을 알 수 있었습니다. 제가 처음 만든 표현이라고 생각했는데, 착각이었던 거죠. 그래도 군축을 통해 기후위기 대처와 평화를 도모하자는 취지로 글도 쓰고 발표도 했습니다.

2022년 3월 9일 우리나라의 대통령 선거를 앞두고 국민의 힘 윤석열 후보도 그린 데탕트를 대선 공약에 포함시켰습니다. 제가 주장하는 그린 데탕트와는 큰 차이가 있었지만 말이죠. 반면 저의 취지에 공감하면서 대선 공약으로 삼은 것은 정의당의 심상정 후보였습니다. 보수적인 후보와 진보적인 후보가 같은 이름의 공약을 내세운 셈입니다. 아직 가야 할 길은 멀지만, 이제는 뭔가 의미 있는 시도를 해볼 수 있는 근거가 될 수 있지 않을까요? 전쟁 방지와 기후위기 대처에는 좌우도, 진보도 보수도 없으니까요.

또 한 가지 흥미로운 점이 있습니다. 국제사회에선 '군사 활동 축소를 통해 기후위기 대처에 기여해야 한다'는 주장이 커지고 있습니다. 제가 말씀드리는 그린 데탕트의 취지와 잘 맞습니다. 하지만 국제사회에선 이 표현을 거의 사용하지 않습니다. 반면 국내에선 여러 정부에서 이 표현을 사용해왔습니다. 그러나 정부와 국회는 물론이고 시민사회와 언론에서도 군사 활동과 기후위기의 상관관계에 대한 관심은 거의 찾아볼 수 없습니다. 제26차 유엔기후변화협약 당사국총회를 앞두고 전 세계의

224개 단체들이 협력해 군사 분야의 탄소 배출 감축을 위한 구체적인 조치를 취하라고 요구했는데, 그 가운데 한국의 단체는 찾아볼 수 없었습니다. 한반도는 기후위기의 취약 지역 가운데 하나이자 세계에서 군사 활동이 가장 활발히 벌어지고 있는 곳인데도요.

윤석열 정부는 출범 후에 그린 데탕트를 국정과제의 하나로 포함시켰습니다. 기본적인 내용은 "남북한이 미세먼지, 재해재난, 기후변화 등에 공동으로 대응하고, 산림·농업·수자원 분야의 협력을 추진하겠다"고 것입니다. 하지만 이명박·박근혜 정부 때에도 성과가 없었고 윤석열 정부 들어서도 이렇다 할 성과는 아직 나오지 않고 있어요. 남북한이 먼저 기후·환경 분야의 협력을 추진하면서 관계 개선과 긴장 완화를 추구하자는 취지는 좋았지만, 정치·군사적 갈등이 워낙 첨예하다보니 기후·환경 분야의 대화조차 하지 못한 탓이 컸던 것이죠.

따라서 그린 데탕트가 빛을 보기 위해서는 새로운 접근이 요구됩니다. 출발점은 군비 증강과 군비경쟁이 남북 관계와 한

반도 평화를 위태롭게 하고 기후위기를 악화시킨다는 자각에 있습니다. 이는 거꾸로 군축을 통해 긴장 완화와 평화를 증진하고 기후위기에도 보다 효과적인 대처가 가능하다는 것을 의미합니다. 이에 대해서는 앞에서 여러 차례 말씀드렸으니 이 내용만 강조하겠습니다. 그린 데탕트를 업그레이드하기 위해서는 몇 가지 발상의 전환이 필요하다는 것을요.

우리는 흔히 대북 정책과 국방 정책을 구분해서 바라보곤 합니다. 대화와 협상을 통해 문제 해결을 시도하면서도 강력한 한미동맹과 국방력 건설을 통해 대북 억제력을 강화하고 유사시 승리를 도모해야 한다는 것이 '상식'처럼 간주되어왔던 것이죠. 그러나 바로 이 상식이야말로 대북 정책이 실패해온 가장 큰 이유라고 할 수 있어요. 군사적 적대 관계와 군비경쟁을 종식하지 않으면, 대북 정책도 다람쥐 쳇바퀴 돌 듯이 제자리를 맴돌 수밖에 없기 때문입니다. 왜 그런지 살펴볼까요?

사실 한반도 문제의 절반 이상은 군사 문제라고 해도 과언이 아니에요. 한국전쟁을 휴전하기로 정한 정전협정 앞에 붙는 단어가 '군사'입니다. 또 한미동맹은 북한을 '군사적인 공동의 적'으로 삼고 있어요. 한미동맹과 북한 사이의 핵심적인 갈등 요인인 한미연합훈련도 군사훈련이고요. 북한의 핵무기 및 미사일 개발도 근본적으로는 한미동맹을 상대로 '군사적 억제력'을 갖추겠다는 취지에서 비롯된 것입니다. 이는 결국 대북 정책에서 국방 정책이 가장 중요한 분야라는 것을 의미합니다.

이러한 맥락에서 볼 때, 한미동맹과 북한의 군비경쟁과 무력시위를 역지사지의 관점에서 바라볼 필요가 있습니다. 한미동맹이 연합훈련과 같은 대북 군사태세를 강화하는 가장 큰 이유가 뭘까요? 그것은 바로 북한의 핵과 미사일 능력 증강과 공세적인 핵 정책의 채택 때문입니다. 거꾸로 북한이 미사일 발사와 같은 도발적인 행태를 보이고 있는 가장 큰 이유 역시 한미 혹은 한·미·일의 군비 증강과 군사훈련 강화에 있다고 할 수 있습니다. 우리가 상대방의 입장에 서려고 노력할 때, 악순환의 고리를 끊을 수 있는 실마리를 찾을 수 있을 겁니다.

그러나 최근 우리 국민 사이에선 여와 야, 진보와 보수, 그리고 세대를 떠나 대규모 군비 증강을 지지하는 목소리가 매우 높은 실정입니다. 군비 증강이 남북 관계를 악화시키고 민생과 교육에 필요한 예산의 낭비를 초래하고 있는데도 말이죠. 특히 MZ 세대로 일컬어지는 2030 세대와 청소년 세대에서 군사 강국을 열망하는 목소리가 더욱 높습니다. 나이가 어린 사람일수록 기후위기에 따른 피해를 크게 입을 텐데요. 이 두 가지 특성을 통합적으로 접근한다면, 군비 증강에 대한 인식을 달리할 가능성이 생길까요? 여러분께 드리고 싶은 질문입니다.

15

'기후정의와 평화를 위한 군축'에 나서보면 어떨까요?

앞서 언급한 것처럼, 우리가 살고 있는 한반도 앞에 놓인 여러 가지 취약한 현실은 전화위복의 상상력과 실천을 요합니다. 기후위기 대처를 핵심 화두로 삼으면, 한반도 평화와 국제적 신냉전 극복에도 전환기적 발상과 실천을 만들어낼 수 있을 겁니다.

세계적인 석학 재레드 다이아몬드는 "위기란 일반적인 대처법과 문제 해결법으로는 극복할 수 없는 중대한 도전에 직면한 상황"이라고 정의하면서 이러한 위기를 돌파하기 위해서는

"선택적 변화"를 추구해야 한다고 강조합니다. 오늘날 인류가 처한 가장 큰 위기는 기후변화와 전쟁 위기로 요약되는 신냉전이라고 할 수 있어요. 그리고 이 두 가지는 연결되어 있습니다. 그래서 이러한 위기를 극복하기 위해서는 "선택적 변화"가 필요합니다. 바로 군축이 이에 해당되는데, 저는 이걸 '기후정의와 평화를 위한 군축'이라고 부르고 싶어요.

군축은 다양한 방면에 걸쳐 생각해볼 수 있습니다. 막대한 탄소를 배출하면서 실시하는 군사훈련과 연습을 줄이는 것, 국방비와 군사 무기·장비·병력을 줄이는 것, 군사적 준비 태세를 완화하는 것, 공격적인 군사정책을 방어적인 형태로 전환하는 것 등이 이에 해당됩니다. 가장 바람직한 방식은 모두가 함께 줄이는 것이지만, 때에 따라서는 특정 국가가 솔선수범을 보일 필요도 있습니다.

한미연합훈련을 예로 들어볼게요. 이 훈련에 대해서는 다양한 평가가 가능하겠지만, 북한의 강력한 반발을 초래하여 남북 관계와 한반도 평화에 부정적인 영향을 주고 있다는 점은 부인하기 어렵습니다. 그런데 한미동맹은 힘의 우위 면에서 북한에 비해 압도적입니다. 그래서 저는 강자인 한미동맹이 전면전을 상정한 대규모 연합훈련을 유예하고 북한에 대화를 제의해야 한다고 줄곧 주장해왔습니다. 연합훈련을 아예 하지 말라는 것이 아니라 규모와 성격을 완화해야 한다는 이야기입니다. 이를 통해 서로가 군사 활동을 줄여 한반도의 긴장을 낮추고 탄소 배출도 줄임으로써 평화와 기후정의에 기여할 수 있으니까요.

지구적인 관점에서 볼 때, 솔선수범을 보여야 할 나라들은 바로 미국과 중국입니다. 두 나라가 치열한 경쟁을 벌이면서 국방비도 하늘 높은 줄 모르고 치솟고 있거든요. 먼저 미국의 바이든 행정부가 의회에 제출한 2024회계연도 국방 예산안이 무려 8,860억 달러, 원화로는 1,175조 원에 달합니다. 그런데 미국 공화당은 이마저도 적다며 증액을 요구하고 있어요. 미국 의회가 2022년에는 250억 달러를, 2023년에는 450억 달러를 증액한 것을 고려해본다면, 2024년 국방비는 9,000억 달러를 돌파할 것으로 보입니다. 중국도 2023년 국방비로 2,400억 달러를 책정했는데요. 이는 전년도보다 7.2퍼센트가 늘어난 것이자 중국 정부가 경제성장율 목표로 잡은 5퍼센트보다 2.2퍼센트가 높은 것입니다. 미중 신냉전의 핵심이 바로 군비경쟁에 있다는 점을 거듭 확인할 수 있습니다.

미국과 중국은 세계의 군사화뿐만 아니라 지구온난화도 주도하고 있는데요. 2006년 중국이 지구온난화의 주범인 이산화탄소 배출량에서 미국을 추월한 이후 그 격차가 크게 벌어지고 있어요. 2019년 통계를 보면 중국의 탄소 배출량은 141억 톤으로 57억 톤을 배출한 미국의 2.5배에 달했고, 이는 각각 전 세계 탄소 배출량의 약 27퍼센트와 11퍼센트를 차지했습니다. 한편 1850년 이후 탄소 배출량을 계산해보면 미국이 여전히 압도적인 1위에 있는데요. 과거에 배출한 탄소도 현재 및 미래의 기후변화에 영향을 미치기 때문에 이 역시 주목할 필요가 있습니다. 1850년부터 2019년까지 미국의 탄소 배출량은 5,090억 톤으로 2,840억 톤을 기록한 중국의 두 배에 육박합니다.

자, 어떤가요? 세계 양대 국방비 지출 국가이자 탄소 배출국인 미국과 중국에 해주고 싶은 말이 생기지 않나요? 저는 이

런 말을 하고 싶어요. '갈수록 거주 불능이 되는 지구를 향한 허망한 경쟁을 멈춰라.' 미국과 중국만의 문제는 아니지만, 두 나라가 막중한 책임을 지니고 있으니까요. 이런 목소리를 낸다고 세상이 달라질 수 있을까라는 무력감이 들 수도 있지만, 이런 목소리를 내는 사람이 많아질수록 세상도 달라지지 않을까요?

  세계 군사비 추이와 기후위기 대처에 필요한 예산을 비교해
보는 것도 의미가 있을 거예요. 2023년 세계 군사비는 2조 3,000억
달러를 돌파할 것으로 예상됩니다. 최근 추세로 볼 때, 세계 군
사비는 매년 1,000억 달러씩 늘어나 2030년에는 3조 달러 안팎
에 달할 전망이고요. 그렇다면 기후변화 대응에 필요한 비용은

어느 정도 될까요? 영국과 이집트 정부의 공동 의뢰로 작성된 보고서에 따르면, 중국을 제외한 개발도상국들의 기후위기 대응을 위해서는 2030년까지 매년 2조~2조 8,000억 달러가 필요하다고 해요. 개발도상국들이 이러한 천문학적 비용을 자체적으로 감당할 수 없는 만큼, 선진국들이 매년 1조 달러를 지원해야 한다고도 하고요.

큰돈이지만 선진국들이 중심이 되어 비상한 결단을 내리면 불가능한 액수도 아닙니다. 가령 세계 군사비를 2024~2030년까지 2조 달러 수준으로 동결하고 이를 예상되는 군사비 증액과 비교하면, 7년 동안 확보할 수 있는 예산이 5조 달러에 육박합니다. 이 돈을 기후위기 대처에 사용하면 인류의 삶은 어떻게 달라질까요?

너무 이상적인 이야기가 아니냐고 반문할 수도 있어요. 하지만 냉전이 절정에 달했던 1980년대 중반 세계 군사비는 1조 6,000억 달러 정도였지만, 1990년대 중반에는 1조 1,000억 달러까지 떨어진 적이 있어요. 미국과 소련(러시아)은 핵군축 협상과

자발적인 핵무기 감축을 통해 90퍼센트 가까이 핵무기를 감축하기도 했습니다. 군축이 불가능한 일이 아니라는 것을 역사도 보여주고 있는 것입니다.

특히 선진국들의 모임인 G20이 세계 전체 국방비 지출에서 차지하는 비중이 90퍼센트에 육박합니다. 반면 기후위기는 잘사는 나라든 못사는 나라든 국경을 가리지 않습니다. 또 기후위기는 어떠한 군사 무기로도 막을 수 없습니다. 기후위기 대처를 위해서는 국제 협력이 필수적이라는 의미입니다. 선진국들의 솔선수범은 물론이고요.

16

군축을 하면 세상이 달라지나요?

저의 개인적인 이야기를 한 가지 들려드리겠습니다. 저는 대학 생 시절에 잘나가는 '운동 마니아'였습니다. 틈만 나면 친구들과 농구를 하고, 기회가 생기면 축구와 당구도 즐겨했어요. 이랬던 제가 대학 졸업 무렵엔 다른 운동을 시작하게 되었습니다. 스포 츠를 즐기던 운동 마니아에서 사회를 바꿔보자는 시민운동가 로 변신한 것이죠.

계기는 1990년대 후반에 목도한 북한의 대기근과 남한의 외환위기였습니다. 북한은 농업과 경제정책 실패와 국제적 고립, 그리고 자연재해가 겹치면서 최악의 식량난에 직면했습니다. 굶어죽은 사람이 수십만 명에 달하고 수많은 사람들이 북한에서 탈출했습니다. 먹을 것이 없어 시궁창에서 음식 찌꺼기를 주워 먹던 북한 어린이와 청소년의 모습은 지금도 잊히지 않습니다. 우리나라 역시 외환위기로 국가부도에 직면하면서 많은 회사들이 문을 닫고 많은 사람들이 직업을 잃거나 소득이 줄어들어 힘든 시간을 보낼 때였습니다.

'한반도 주민들의 삶은 왜 이리 고달픈 것일까?' 제가 대학 졸업 무렵에 가슴에 품은 질문이었습니다. 그리고 하루빨리 한반도 평화를 이뤄 전쟁 준비에 사용하는 막대한 자원을 생명·복지·교육에 투자하는 세상을 만드는 데 조금이라도 기여하자고 결심했습니다. 그리고 저와 뜻을 같이한 사람 몇 명과 함께 1999년 9월에 평화네트워크라는 단체를 만들었어요.

평화네트워크는 평화를 이루는 방법으로 군축을 내세웠어요. 휴전선을 사이에 두고 중무장한 한미연합군과 북한군이 맞서는 현실을 바꾸지 않으면 진정한 평화를 이루기 어렵다고 생각했기 때문이에요. 또 도탄에 빠진 한반도 주민들의 삶을 개선하려면 막대한 군사비를 줄여 민생에 사용해야 한다고 생각했습니다. 자료를 찾다보니 미국의 아이젠하워 대통령이 이런 말을 했다는 것을 알게 되었어요.

만들어진 모든 총과, 진수된 모든 전함과, 발사된 모든 로켓은 궁극적으로 굶주려도 먹지 못하고 헐벗어도 입지 못한 사람들로부터 빼앗은 것입니다. 무기로 가득한 세계가 소모하는 것은 돈만이 아닙니다. 이러한 세계는 노동자의 땀과, 과학자의 재능과, 어린이의 희망을 소모하고 있습니다. 현대식 폭격기 1기의 비용은 30개 이상의 도시에 현대식 벽돌로 학교를 세우는 비용과 맞먹습니다. 이 돈이면 6만 명 인구의 도시에 충분한 전력을 공급할 수 있는 발전소를 2기나 지을 수 있습니다. 이 돈이면 완벽한 설비를 갖춘 병원을 2개나 지을 수 있습니다. 이 돈이면 콘크리트 고속도로를 50마일이나 닦을 수 있습니다. 우리는 전투기 한 대를 위해 밀 50만 부셸에 해당하는 값을 치르고 있습니다. 우리는 구축함 한 척을 위해 모두 8,000명 이상이 살 수 있는 새 주택에 해당하는 값을 치르고 있습니다.

2차 세계대전의 영웅이자 5성 장군 출신인 아이젠하워가 이런 말을 한 것이 조금 놀랍지 않나요? 더구나 이 연설은 한국전쟁이 벌어지고 있었고 소련이 잇따라 핵실험에 성공하면서 미국의 핵독점 체제가 깨진 1953년 4월에 나왔어요. 하지만 아이젠하워도 군사주의에 찌든 미국을 바꿔내진 못했어요. 오히려 그의 재임 기간에 군산복합체의 힘은 더욱 커졌어요. 아이젠하워가 퇴임사에서 이들의 부당한 영향력에 맞서 싸워야 한다고 말했을 정도로 덩치가 커진 것이죠.

다시 제 개인적인 이야기로 돌아가겠습니다. 제가 대표를 맡은 평화네트워크가 첫 번째로 벌인 사업 가운데 하나는 '한반도 군축, 어떻게 이룰 것인가'라는 주제로 개최한 사이버 토론회였습니다. 제가 생각하는 군축 논리를 가지고 시민들과 소통하고 세상에 알리고 싶어 마련한 자리였습니다. 그러자 국방부에서는 평화네트워크의 군축 논리를 반박하겠다며 저희 홈페이지에 들어와 여러 가지 의견을 남기기도 했고, 저와 직접 만나서 군축 문제에 대한 의견을 주고받기도 했습니다. 군축을 보는 시각은 달라도 소통은 가능했던 셈이죠.

매년 국방비를 늘리는 것이 당연한 현실처럼 간주되고 있지만, 대한민국 건국 이래 국방비가 줄어든 적이 딱 한 번 있었어요. 1999년 국방비가 전년도에 비해 6퍼센트 줄어든 것인데요. 별로 줄어든 것 같지 않지만, 내용을 들여다보면 그렇지 않아요. 우리나라는 무기를 주로 어디에서 수입하죠? 네, 미국입니다. 미국에 달러를 지불하고 무기를 사왔어요. 그런데 1달러당 800원 수준이었던 원화 가치가 외환위기로 1,800원 정도까지 떨어졌어요. 이로 인해 외환위기 전에는 한 대에 100억 원 하던 미국산 전투기가 200억 원이 넘어버렸어요. 그래서 무기 구입이 줄어들 수밖에 없었고, 결국 국방비가 크게 줄어든 거예요.

제가 이 이야기를 꺼낸 것은 오늘날의 상황과 너무나도 비교되기 때문이에요. 당시에 국방비가 줄어든 배경에는 외환위기와 이에 따른 민생 위기를 수습하려면 국방비를 줄여 민생에 투입해야 한다는 사회적인 요구가 있었어요. 많은 언론과 전문가, 그리고 정치인과 시민단체들이 이러한 요구를 한 것이죠. 정부와 국회가 이를 받아들여 국방비를 줄일 수 있었고요.

1999년의 국방비는 13조 7,000억 원 정도였어요. 지금은 얼마일까요? 2023년 현재 57조 원 가까이 됩니다. 물가상승률을 고려하더라도 국방비가 엄청나게 늘어난 것을 알 수 있습니다. 반면 민생은 갈수록 어려워지고 있어요. 특히 2020~2022년까지 대유행한 코로나19로 인해 많은 사람들이 경제적으로 큰 어려움을 겪었어요. 사정이 이렇다면 국방비를 줄이거나 동결해 민생 문제 해결에 사용하자는 목소리가 커질 법도 했는데, 그렇지 않았어요. 국방비는 1999년에 비해 네 배 정도 올랐는데, 군축을 해야 한다는 목소리는 4분의 1에도 미치지 못했어요. 그만큼 군비 증강을 당연시하는 분위기가 만들어진 것이죠.

천문학적인 국방비 투입에 힘입어 한국의 군사력은 2017년 세계 12위에서 2020~2023년에는 6위까지 올라섰어요. 반면 우리 국민이 느끼는 행복감은 크게 떨어지고 있어요. 유엔 산하 지속가능발전해법네트워크(SDSN)의 평가에 따르면, 한국인이 느끼는 행복도는 줄곧 50위권에 있다가 2020년부터는 60위권으로 밀려났어요. 높아지는 군사력 순위와 낮아지는 국민행복지수 사이에 어떤 관계가 있느냐고 반문할 수 있을 겁니다. 하지만 아이젠하워가 말한 것처럼 자원은 한정되어 있고, 그 자원을 어떻게 쓰느냐는 중요한 문제입니다.

가령 이런 것입니다. 여러분도 학교 급식 시설과 돌봄 교실 등에서 일하는 선생님들을 많이 보셨을 거예요. 이분들은 대부분 비정규직 노동자들입니다. 정규직에 비해 처우가 매우 열악하죠. 그래서 이분들은 "정규직 대비 80퍼센트 수준으로 임금을 인상해달라"는 요구를 해왔지만, 제대로 받아들여지지 않고 있어요. 학교 비정규직 노동자들이 간혹 파업을 벌이는 이유입니다. 그런데 이분들의 요구를 수용하는 데 들어가는 예산은 연간 2,000억 원 정도입니다.

집배원 과로사 문제도 예로 들어볼까요? 이분들이 과도한 업무로 사망하는 경우가 종종 발생하는데, 이를 예방하기 위해서는 인력 증원이 필수적입니다. 2,000명 정도를 증원하면 법정 노동시간인 주 52시간을 지킬 수 있다고 합니다. 2,000명 증원 시 연봉을 4,000만 원으로 책정하면 총 800억 원이 소요됩니다. 이 두 가지 문제를 해결하는 데 들어가는 연간 2,800억 원가량의 예산은 F-35 전투기 두 대 값에 해당됩니다. 그런데 정부는 이런 비용은 외면하면서 이미 40대를 도입한 F-35 전투기를 추가로 20대나 도입한다는 계획입니다.

좀 더 시야를 넓혀볼까요? 정부는 2023~2027 국방중기계획을 통해 5년간 국방비로 약 331조 원을 투입할 계획을 밝혔습니다. 연평균 66조 원이 넘는 어마어마한 액수입니다. 여기서 저는 이런 질문을 던져봅니다. 5년간 총국방비를 250조 원 규모로 조절하고 아낀 81조 원을 앞서 언급한 기후위기 대처와 민생·의료·교육 등에 사용하면 우리의 삶은 어떻게 달라질까요?

청소년과 청년이 가장 큰 관심을 갖고 있는 일자리 문제를 예로 들어볼게요. 국책 연구 기관인 산업연구원이 2017년에 작성한 보고서에 따르면, 당시 우리나라 국방비가 정부 예산에서 차지한 비중은 10퍼센트 수준에 달했지만 제조업 내 방위산업 고용 비중은 0.9퍼센트에 불과했다고 해요. 그만큼 국방비 투입이 일자리 창출에는 별로 효과가 없다는 뜻입니다.

　반면 같은 비용을 교육과 보건의료, 그리고 신재생에너지와 인프라 분야에 투자할 때 고용 창출 효과가 훨씬 높다는 연구 결과도 있어요. 미국에서 이루어진 연구에 따르면, 교육과 보건 의료에선 두 배 이상, 신재생에너지와 인프라 분야에선 40퍼센트 이상의 고용 창출 효과가 있다고 합니다. 그런데 미국 방위 산업의 고용 창출 효과는 우리나라보다 열 배 가까이 높습니다. 따라서 우리나라가 국방비를 줄여 다른 분야에 투입할 경우 일자리 창출 효과가 상당히 클 것이라는 점을 충분히 가늠해볼 수 있습니다.

저는 이런 생각도 해봅니다. '우리나라가 징병제를 모병제로 바꾸면 출산율에는 어떤 영향을 줄까?' 세계 최저 수준으로 떨어진 출산율을 걱정하는 목소리가 높아지고 있어 생각해본 질문인데요. 여러분은 어떻게 생각하세요? 재미있는 토론거리가 될 수 있지 않을까요? 저도 궁금해서 요즘 화제가 되고 있는 챗GPT에게 물어봤습니다. 그랬더니 모병제와 출산율 사이에는 직접적인 연관 관계가 없을 수 있다며, 출산율을 높이려면 "사회적·문화적·경제적인 변화를 가져와야 한다"고 답하더군요. 제가 원한 답이었습니다. 저는 모병제로의 전환이 우리 사회의 사회적·문화적·경제적 변화를 가져올 수 있는 선택적 변화가 될 수 있다고 여기기 때문입니다.

징병제를 모병제로 전환하면 모든 남성이 군대에 가는 것이 아니라 가고 싶은 사람이 지원하게 됩니다. 물론 여성도 지원할 수 있고요. 현행 군 복무 기간은 18개월이지만, 군대에 갈

준비를 하고 제대 후 적응 기간을 고려하면 2년 정도 되므로, 모병제를 도입했을 때 많은 남성의 사회 진출 시기가 2년 정도 빨라질 수 있습니다. 또 군대에 남고 싶은 사람은 직업군인이 되고요. 군 복무 문제가 우리 사회의 젠더 갈등의 중요한 원인인 만큼, 징병제를 모병제로 전환하면 갈등 완화에도 기여할 수 있습니다. 결혼율과 출산율이 떨어지는 핵심적인 원인이 청년들의 사회경제적 문제와 젠더 갈등에 있는 만큼, 모병제로의 전환이 출산율을 높이는 데 긍정적인 영향을 줄 것이라는 가정은 이러한 맥락에서 나옵니다.

17

군축을 하면
안보는 어떻게 되는 건가요?

이 책을 읽다보니 이런 질문이 생기지 않나요? "군축을 하면 안보는 어떻게 되느냐"고 말이죠. 저는 이렇게 반문하고 싶어요. "군비 증강이 꼭 안보를 이롭게 할까요?"

21세기 들어 현재까지 핵실험은 모두 여섯 차례 있었는데 모두 북한이 실시한 것입니다. 그뿐이 아닙니다. 툭하면 각종 미사일도 쏘아대죠. 그런데 이러한 결정을 내린 김정은 국무위원장은 안보 환경이 날로 악화되고 있다고 말합니다. 남한도 다르지 않습니다. 2020년부터 4년 연속 세계 6위의 군사력 보유국으로 평가받을 정도로 오늘날 우리나라의 군사력은 역대 최강입니다. 또 세계 최강 미국과 동맹을 강화하고 있고 재무장에 나선 일본과도 군사협력을 강화하고 있어요. 세계 최대 규모의 연합훈련도 수시로 벌이고 있고요. 그런데도 안보가 불안해지고 있다고 이야기합니다.

뭔가 이상하지 않나요? 안보는 상대가 있는 게임입니다. 그래서 상대가 나의 안보를 위협한다고 생각하면 나도 군사력을 강화해 맞서려고 하죠. 그런데 내가 안보를 강화하려고 취한 조치가 상대방의 반작용을 야기해 오히려 나의 안보를 더 불안하게 만드는 경우도 있습니다. 이를 전문용어로 '안보 딜레마'라고 부르는데요. 남북한을 비롯한 많은 나라들이 이 함정에 빠져들고 있어요.

그럼 군축은 안보에 어떤 영향을 줄까요? 상대방이 군사력을 강화하면서 호시탐탐 나를 노리는데 나만 군축을 하면 안보를 위태롭게 할 수 있습니다. 그래서 지피지기知彼知己가 매우 중요합니다. 상대방의 능력과 의도는 무엇인지 정확히 파악하고 또 나의 능력은 어느 정도 되는지 먼저 알아야 하는 것이죠. 대화와 협상을 통해 문제를 풀 수 있는 여지가 있는지도 살펴봐야 하고요.

군비 증강이 언제나 안보를 이롭게 하는 것이 아니듯 군축이 안보를 불안하게 만들 것이라고 단정할 필요는 없습니다. 제가 말하는 군축은 무장해제를 뜻하는 게 아닙니다. 오히려 군사력을 양적으로는 감축하면서도 질적으로는 현대화를 도모해야한다는 취지에 가깝습니다. 사실 이건 군축이라고 보기도 어렵습니다. 양적으로 줄어든 군사력을 질적인 향상으로 보완하자는 것은 '군비 조절'이라고 부르는 게 더 맞기 때문입니다. 그런데 이조차도 버거운 실정이에요. 많은 나라들이 군비 증강의 열기에 휩싸여 있고 많은 사람들이 이를 지지하고 있기 때문이죠.

한 걸음 더 들어가볼게요. 군축은 군비축소의 줄임말인데요. 군비에는 '군비軍費'와 '군비軍備' 두 종류가 있습니다. 군비軍費는 "군사상의 목적에 사용되는 모든 경비", 즉 국방비를 의미하고, '군비軍備'는 "병력, 무기, 장비, 시설 등과 군사적 준비 태세를 총칭하는 것"으로 군사력을 의미합니다. 아울러 군사력을 평가할 때 일시적인 국방비의 증감보다는 국방비 누계가 훨씬 중요한데요. 군사 무기와 장비의 수명이 대개 20~30년인 만큼, 1년에 얼마나 국방비를 투입했느냐보다는 지금까지 얼마나 썼느냐가 중요하다는 뜻입니다.

이러한 군비의 특성을 이해하면 국방비를 일정 정도 줄여도 기존의 군사력은 유지되거나 오히려 증강할 수 있다는 점을 알 수 있습니다. 우리나라 국방비를 예로 들어볼게요. 2023년 국방비는 57조 원인데, 이 가운데 현재의 군사력을 유지하는 데 필요한 전력 유지비는 16.8조 원이고 새로운 무기와 장비를 구입하는 방위력 개선비는 16.9조 원이에요. 그럼 내년도 국방비 가운데 전력 유지비와 방위력 개선비에서 7조 원을 줄여 50조 원으로 책정하면 우리나라 군사력이 약해질까요? 그렇지 않습니다. 7조 원을 줄이더라도 군사력 유지 및 증강에 필요한 전력 유지비와 방위력 개선비를 합쳐 26.7조 원을 확보할 수 있기 때문이죠.

우리나라의 국방비 누계도 상당한 수준입니다. 지난 30년 동안 약 900조 원이 투입됐습니다. 그 결과 각종 미사일과 전투기를 비롯한 첨단 무기와 장비를 대거 확보했어요. 또 세계 최강 미국과 동맹을 맺고 있고 첨단 무기와 장비로 무장한 미군 약 3만 명도 우리나라에 주둔하고 있고요. 저는 이 정도면 우리나라를 지킬 힘은 충분히 갖췄다고 생각해요. 그래서 앞으로는 국방비를 좀 줄여 교육과 복지, 그리고 일자리 창출과 기후위기 대처 예산을 늘리는 것을 진지하게 고려해야 한다고 봅니다.

군사적 적대 관계에 있는 북한은 어떨까요? 일단 북한의 국방비는 정확히 알 수 없어요. 북한은 액수를 밝히지 않으면서 정부 예산 대비 16퍼센트 정도를 국방비로 쓰고 있다고 밝히고 있는데, 정부 예산이 얼마인지 공개하지 않고 있거든요. 국내총생산(GDP)도 공개하지 않기는 마찬가지입니다. 그래서 한국은행이 북한의 GDP를 추정해왔는데, 2021년 GDP가 약 36조 원이라고 해요. 그런데 2021년 남한의 국방비가 약 53조 원이었어요. 북한 GDP보다 1.5배나 많은 액수예요. 북한은 이러한 격차를 만회하기 위해 핵과 미사일에 집중하고 있어요. 돈이 많이 들어가는 첨단 무기와 장비를 도입하기보다는 자체적으로 자원·기술·생산 능력을 보유한 핵과 미사일에 매달리는 것이죠.

북한의 이러한 선택은 분명 우려스럽고 그래서 대응이 필요합니다. '유비무환有備無患'의 정신으로 군사적 대비도 필요하겠죠. 하지만 군사적 대응이 '과비유환過備有患'이 되지 않도록 하는 게 매우 중요합니다. 과도한 대비가 오히려 우환을 초래할 수 있다는 뜻으로 제가 만들어본 말인데요. 앞서 설명한 것처럼, 군비 증강이 군비경쟁과 안보 딜레마를 초래해 안보를 위태롭게 만드는 상황을 경계해야 한다는 의미입니다.

물론 가장 바람직한 방법은 같이 줄이는 것이에요. 남북한뿐만 아니라 세계의 많은 나라들이 군사력을 함께 줄이고 이렇게 절약한 자원을 기후위기와 불평등 같은 지구촌의 문제를 해결하는 데 사용하는 것이 가장 이상적일 겁니다. 하지만 이게 쉽지 않다는 건 여러분도 어렵지 않게 알 수 있을 거예요.

그러고 보니 기후위기 대처와 군축은 비슷한 문제를 안고 있네요. 바로 '무임승차free riding'입니다. 우리가 버스나 지하철을 타려면 요금을 내는데요. 어떤 사람이 몰래 요금을 내지 않아도 버스와 지하철은 목적지로 가겠죠. 기후위기 대처도 비슷한 문제를 안고 있어요. 어떤 나라가 막대한 예산을 들여 탄소 배출을 줄이면 그 혜택은 국경을 초월해서 나옵니다. 그럼 돈을 많이 쓴 나라는 손해를 봤다고 생각할 수 있어요. 군축도 비슷합니다. 상대방은 그대로 있는데, 나만 군사력을 줄이면 손해 보는 것이라고 생각하기 쉽죠.

하지만 이런 생각으로 기후위기 대처와 군비경쟁에 손 놓고 있으면 인류는 '냄비 속 개구리'의 신세를 벗어날 수 없겠죠. 지금까지 막대한 탄소를 배출하면서 경제발전을 이룬 선진국들이 탄소 배출을 줄이고 개발도상국을 지원해야 한다는 점에는 국제사회의 합의가 존재합니다. 선진국들이 제대로 실천하지 않아서 문제이지만 말이죠. 마찬가지로 군사력이 강한 나라들이 먼저 솔선수범을 보이면서 다른 나라들의 동참을 이끌어내는 것이 아주 중요합니다. 이를 통해 군사력의 우위를 둘러싼 경쟁을 종식하고 낮은 수준의 군사력 균형을 도모하려는 노력

이 절실히 요구됩니다. 이것이야말로 국가안보와 인류를 포함한 지구 생명체의 안보 사이에 균형을 도모하는 길이라고 믿습니다.

살 만한 지구를 위하여

1961년 존 F. 케네디 미국 대통령은 "핵무기가 인류를 끝장내기 전에 인류가 핵무기를 없애야 한다"고 호소했습니다. 이제는 기후 위기가 인류를 끝장내기 전에 인류가 기후재앙을 막아야 합니다. 1988년 미하일 고르바초프 소련 공산당 서기장은 '어떤 나라가 불안하다고 느끼면 다른 나라도 결코 안전해질 수 없다'는 취지로 연설하면서 이를 "신사고"라고 불렀습니다. 이제는 기후환경이 안전해지지 않으면 인류도 결코 안전해질 수 없는 시대입니다. 모든 정책을 결정할 때 기후변화를 그 중심에 둘 수 있는 지구적 차원의 신사고가 절박해지고 있는 것입니다. 이러한 신사고는 사랑하는 우리 아이들을 비롯한 지구촌의 사람들이 우리의 지도자들에게 간절하게 호소하고 있는 바이기도 합니다.

저는 특히 지구적 차원에서 전개되고 있는 군비경쟁과 기후
위기의 관계에 주목하고 싶습니다. 전 세계 도처에서 벌어지고 있
는 군사 활동은 막대한 탄소를 배출하고 있습니다. 하늘 높은 줄
모르고 치솟고 있는 세계 군사비는 기후위기 대처에 필요한 소중
한 자원을 앗아가고 있습니다. 강대국들을 비롯한 많은 나라들이
서로를 적이나 위협으로 간주하면서 기후위기 대처를 위해 절실
한 국제 협력도 뒷전으로 밀리고 있습니다. 기후위기와 군비경쟁
이 국제 분쟁의 주된 원인으로 부상하고 있고요.

이제는 달라져야 합니다. 지구에 있는 나라들이 서로 다투고
싸우다가도 외계인이 침공하면 지구를 구하기 위해 다 같이 힘을
합쳐 외계인에 맞서 싸울 것입니다. 오늘날 우리 인류 '공동의 적'
은 무엇일까요? 그 적은 바로 우리 스스로 만들어낸 기후위기라
는 점을 누구도 부인하지 못할 것입니다. 따라서 이 시대에는 군
비경쟁과 기후위기의 악순환을 끊고 군비축소를 통해 평화 증진
과 기후정의 실현의 선순환을 만들어내는 신사고가 절박하게 요
구됩니다. 갈수록 거주 불능의 땅이 되어가고 있는 지구를 둘러싼

허망하고도 위험한 경쟁을 멈추고 인류를 포함한 모든 생명체의 삶의 터전인 지구를 살리는 데 힘과 지혜를 모아야 합니다.

유엔 안전보장이사회의 상임이사국들부터 솔선수범해야 합니다. 미국·중국·영국·프랑스·러시아로 구성된 상임이사국들은 핵확산금지조약에 따라 공식적인 핵보유국이라는 특권을 누려왔습니다. 동시에 국제사회의 평화와 안정을 수호해야 할 책임을 부여받았습니다. 이러한 특권과 책임이야말로 상임이사국들이 군비축소를 통해 평화와 기후정의 실현에 솔선수범할 수 있는 현실적·도덕적 기반이 되어야 하고, 또 될 수 있습니다.

우리나라가 출발 테이프를 끊겠습니다. 먼저 점차적으로 군사훈련을 줄여 탄소 배출도 감축해나갈 것입니다. 또 군수산업체를 신재생에너지와 기후변화 적응 사업 등 민수산업체로 전환하면서도 더 좋은 일자리를 만들 수 있는 '정의로운 전환'을 추진할 것입니다. 국방비 감축을 통해 절약한 자원을 온실가스 감축과 기후 적응에 사용할 것입니다. 이 과정에서 개발도상국들의 탄소 중립화 노력을 적극 지원할 것입니다. 다른 나라들도 이에 적극 동참해 지구적 차원의 움직임을 만들어낼 수 있기를 희망합니다.

혹자는 군축이 기후위기 대처에 얼마나 도움이 되겠느냐고 반문합니다. 저 역시 군축만으로는 부족하다는 점을 잘 알고 있습니다. 기후위기에 효과적으로 대처하려면 화석연료에 의존해온 인류 문명 자체를 총체적으로 바꿔야 하기 때문입니다. 동시에 군축이 탄소 배출 저감, 기후위기 대응 재원 증대, 국제 협력의 본격화에 큰 기여를 할 수 있다는 점도 부인할 수 없을 것입니다.

가장 중요한 기여는 바로 '희망 만들기'에 있습니다. 거의 모든 나라가 군비 증강에 나서고 있는 상황에서 군축은 불가능하다고들 합니다. 군축을 제안하거나 추진하는 지도자는 자국에서 여론의 지지도 받기 힘들다고 합니다. 그렇습니다. 우리는 '군축의 종말' 시대에 살고 있습니다. 동시에 우리는 '절망의 시대'에 살고 있습니다. 기후재앙을 막을 수 없다는 비관론이 지구촌을 배회하고 있기 때문입니다. 이러한 상황에서 불가능해 보인다는 군축을 통해 희망의 근거를 만들어보는 것은 어떨까요?

어떤 나라의 지도자가 유엔 총회에서 발표한 연설문 같지 않나요? 2023년 5월 제가 중국 베이징 출장을 마치고 귀국하는 비행기 안에서 쓴 글을 다듬어본 것입니다. 누군가가 9월에 뉴욕 유엔 본부에서 열리는 유엔 총회에서 이러한 내용으로 연설해주길 바라면서요. 저는 거의 4년 만에 베이징에 가면서 미국과 전략 경쟁에 여념이 없는 중국의 전문가들과 무슨 이야기를 나눌까 고민했습니다. 그러다가 그즈음 전해진 두 가지 뉴스에 그들을 상대로 '탐색적 대화'에 나서보겠다는 결심을 굳혔습니다.

하나는 2022년 세계 군사비가 사상 최대 규모를 기록했다는 소식이었습니다. 2023년 4월 23일 스웨덴의 스톡홀름 국제평화연구소(SIPRI)가 공개한 '2022년 세계 군비 지출 동향' 보고서에 따르면, 2022년 전 세계 군비 지출 규모가 전년도보다 실질 증가율로 3.7퍼센트 늘어난 2조 2,400억 달러(약 2,982조 원)에 달했다고 합니다. 이는 2022년 화폐가치 기준으로 냉전 시대 군비경쟁이 절정에 달했던 1980년대 중반보다도 약 7,000억 달러나 늘어난 수치입니다. 글로벌 군비경쟁이 얼마나 뜨거워지고 있는지 새삼 확인할 수 있었죠.

또 하나는 향후 5년 이내에 지구 기온이 산업화 이전보다 1.5도 이상으로 상승할 가능성이 크다는 소식이었습니다. 세계기상기구(WMO)가 2023년 5월 17일 발표한 보고서에 따르면, 이렇게 될 가능성이 66퍼센트에 달한다고 해요. 이에 앞서 기후변화에 관한 정부 간 협의체는 지구 온도가 1.5도를 초과하면 50년 빈도의 극한 폭염은 과거보다 8.6배, 폭우는 1.5배, 가뭄은 두 배 잦아질 것이라고 경고한 바 있어요. 여러분도 매일같이 쏟아지는 세계 도처의 이상 기후 뉴스를 접하면서 이러한 경고를 실감하고 있을 겁니다.

이 두 가지 문제를 함께 봐야 한다는 게 이 책의 취지입니다. 그리고 저는 베이징에서 만난 전문가들에게 "세계 시민과 많은 나라들은 중국이든 미국이든 그 어떤 나라든 군비축소를 통해 세계 평화와 기후정의 실현을 주창하고 주도하는 나라를 지지하고 응원할 것"이라고 말했습니다. 제가 베이징에 가기 직전에 그곳에는 역대급 황사가 몰아닥쳤어요. 또 도착한 날에는 기온이 무려 37도에 달해 5월 중 기온으론 사상 최고치를 기록했고요. 그래서였을까요? 중국 전문가들은 의외로 제 이야기에 큰 관심을 나타내더군요. 이 문제를 두고 앞으로도 계속 교류 협력하자는 화답도 있었고요.

앞서 말씀드린 것처럼, 매년 9월 뉴욕 유엔본부에서는 세계 각국 정상들이 참석하는 총회가 열립니다. 이 책을 쓰고 있는 2023년 기준으로 62년 전 케네디는 핵무기를 '다모클레스의 칼'에 비유하면서 핵 군비 통제의 필요성을 역설했습니다. 35년 전 고르바초프는 소련부터 군축에 나서겠다고 선언해 냉전 종식을 향한 대문을 활짝 열었고요. 이번에는 누가 나설까요? 정치 지도자에 앞서 우리부터 나서보는 것은 어떨까요?

인간의 노력으로 종말적인 재앙을 막은 사례들도 있습니다. 두 가지 예만 들어볼게요. 먼저 '오존층 살리기'인데요. 지표면에서 10~50킬로미터 상공에 형성되어 있는 오존층은 우주에서 들어오는 자외선을 흡수해 지구 생명체를 보호하는 기능을 합니다. 그런데 1960년대 들어 에어컨과 냉장고의 냉매로 쓰이는 프레온가스 등 염화불화탄소 사용이 크게 늘면서 오존층에 구멍이 뚫리기 시작했어요. 구멍이 여기저기 뚫리고 커질수록 인간을 비롯한 지구 생명체도 살 수 없게 되겠죠.

대책은 뭘까요? 네 맞습니다. 프레온가스를 비롯한 염화불화탄소 사용을 금지해야 합니다. 인류의 경각심이 커지면서 오존층 파괴 물질 생산과 사용을 금지하는 국제협약이 탄생합니다. 1987년에 체결된 '몬트리올 의정서'가 바로 그것입니다. 이 국제협약에 힘입어 오존층도 느리지만 뚜렷하게 회복되고 있다고 해요. 2023년 1월 유엔 보고서에 따르면, 몬트리올 의정서 발효 이후 33년 동안 오존층을 파괴하는 물질의 농도가 10퍼센트 이상 줄어들었고, 이 추세가 계속되면 2050년 즈음에 지구 오존층이 1980년 수준으로 회복될 수 있다고 합니다.

반가운 소식은 또 있습니다. 오존층 회복이 지구온난화를 억제하는 효과가 있고, 이 추세가 지속되면 2100년까지 0.3~0.5도 정도의 추가 온난화 억제 효과를 거둘 수 있다고도 합니다. 이를 두고 페테리 탈라스 세계기상기구 사무총장은 "오존 관련 행동은 기후행동의 선례를 만들었다"며 "우리가 오존층 파괴 화학 물질들을 줄이는 데 성공한 것은 화석연료에서 벗어나기 위해 우리가 무엇을 할 수 있고 무엇을 해야 하는지 보여준다"고 말했습니다.

또 하나는 '핵겨울 막기'입니다. 말 그대로 핵전쟁이 일어나면 지구가 마치 겨울처럼 얼어붙을 수 있으므로, 이를 막아야 한다는 것입니다. 1980년대 들어 과학자들은 핵전쟁이 지구 환경에 미칠 영향을 면밀히 연구했는데요. 이들은 핵전쟁이 벌어지면 도시와 산림, 농경지, 석유 및 가스전으로 불이 번지면서 엄청난 연기가 대기로 날아가 햇빛을 차단하고, 이것이 지구 표면을 냉각시켜 전 세계 농업생산을 위험에 빠뜨릴 거라고 주장했습니다. 그런데 1980년 전반기는 미국과 소련의 핵 군비경쟁이 절정에 달한 때였어요. 두 나라의 핵무기를 합치면 7만 개에 달할 정도였죠. 또 핵전쟁의 위험도 어느 때보다 높았습니다. 이 두 가지, 즉 핵겨울에 대한 경고와 핵전쟁의 공포가 맞물리면서 지구촌 사람들이 벌떼처럼 들고 일어났습니다.

흥미롭게도 '오존층 살리기'와 '핵겨울 막기'의 선구자는 같은 사람입니다. 네덜란드의 대기화학자 파울 크뤼천 박사입니다. 그는 수십 년 동안 대기 오염 문제를 집중적으로 파고들어 오존층의 파괴 원인을 과학적으로 밝혀냈습니다. 또 1982년에 발표한 논문에서 핵전쟁이 야기할 기후재앙을 경고하기도 했습니다. 그의 선구적인 연구에 동료 및 후배 과학자들이 참여하고 이들의 연구 결과가 언론에 크게 보도되면서 인류 사회의 자각이 일어난 것이죠.

기후우울증에 빠지기 쉬운 오늘날, 이러한 사례들은 시사하는 바가 큽니다. 이미 많은 과학자들이 기후위기가 '가짜 뉴스'가 아니라는 점을 입증하고 있어요. 또 극한 기후를 실감하고 있는 지구촌의 많은 사람들도 힘과 지혜를 모으고 있고요. 이러한 노력이 커질수록 정치 지도자들의 생각을 바꿀 수 있는 힘도 커지겠죠. '우리'가 많아질수록 우리는 할 수 있을 겁니다! 자, 힘내보자고요!

청소년에게 전하는
기후위기와 신냉전 이야기
우리가 지켜야 할 지구, 우리가 만들어가야 할 평화

2023년 9월 23일 초판 1쇄 발행
2024년 5월 10일 초판 2쇄 발행

지은이 정욱식 | 그린이 김상민

펴낸이 이제용 | 펴낸곳 갈마바람
등록 2015년 9월 10일 제2019-000004호
주소 (06775) 서울시 서초구 논현로 83, A동 1304호(양재동, 삼호물산빌딩)
전화 (02) 517-0812 | 팩스 (02) 578-0921
전자우편 galmabaram@naver.com
블로그 blog.naver.com/galmabaram
페이스북 www.facebook.com/galmabaram

편집 오영나 | 디자인 이새미
제작 이지프레스

© 정욱식, 2023

ISBN 979-11-91128-05-5 43300